A Complete Guide to Well-being: Taking care of Your Mind, Body, and Spirit

पूर्ण कल्याण के लिए एक संपूर्ण मार्गदर्शिका: अपने मन, शरीर और आत्मा की देखभाल

Kiran Kher

Copyright © [2023]

Title: A Complete Guide to Well-being: Taking care of Your Mind, Body, and Spirit

Author's: Kiran Kher

All rights reserved. No part of this publication may be reproduced, stored in a retrieval system, or transmitted in any form or by any means, electronic, mechanical, photocopying, recording, or otherwise, without the prior written permission of the publisher or author, except in the case of brief quotations embodied in critical reviews and certain other non-commercial uses permitted by copyright law.

This book was printed and published by [Publisher's: **Kiran Kher**] in [2023]

ISBN:

TABLE OF CONTENT

Chapter 1: Foundations of Well-being   08

- The mind-body connection: how physical health affects mental health and vice versa
- Understanding the spiritual dimension: finding meaning and purpose in life
- Building a strong self-awareness: identifying your values, needs, and boundaries
- Cultivating self-compassion: embracing your whole self, flaws and all

Chapter 2: Nourishing Your Body   24

- The importance of a balanced diet: choosing whole, nutritious foods
- Stay hydrated: the essential role of water in well-being
- Exercise regularly: finding activities you enjoy for physical and mental benefits
- Sleep hygiene: creating a consistent sleep schedule for optimal rest

Chapter 3: Calming Your Mind   40

- Identifying and managing stress: recognizing triggers and implementing coping mechanisms
- Mindfulness practices: meditation, deep breathing, and other techniques for reducing anxiety
- Cultivating positive thinking: reframing negative thoughts and fostering optimism
- Developing emotional intelligence: understanding your emotions and regulating them effectively

Chapter 4: Connecting Your Spirit   56

- Exploring different spiritualities and traditions
- Finding meaning and purpose in life
- Practices for spiritual growth: prayer, meditation, journaling, spending time in nature
- Building connections with your community and loved ones

Chapter 5: Building a Sustainable Well-being Practice   74

- Setting realistic goals and creating a personalized self-care plan
- Integrating well-being practices into your daily routine
- Overcoming challenges and setbacks: staying motivated and resilient
- Celebrating your progress and achievements
- Resources for further exploration: books, websites, and organizations

TABLE OF CONTENT

अध्याय 1: पूर्ण कल्याण की नींव   08

- मन-शरीर का संबंध: शारीरिक स्वास्थ्य, मानसिक स्वास्थ्य को कैसे प्रभावित करता है और इसके विपरीत
- आध्यात्मिक आयाम को समझना: जीवन में अर्थ और उद्देश्य ढूँढना
- एक मजबूत आत्म-जागरूकता का निर्माण: अपने मूल्यों, जरूरतों और सीमाओं को पहचानना
- आत्म-दया का विकास: अपनी पूरी आत्मा को अपनाना, अपनी खामियों को स्वीकार करना

अध्याय 2: अपने शरीर को पोषित करना   24

- एक संतुलित आहार का महत्व: साबुत, पौष्टिक खाद्य पदार्थों का चयन करना
- हाइड्रेटेड रहें: स्वास्थ्य में पानी की आवश्यक भूमिका
- नियमित रूप से व्यायाम करें: शारीरिक और मानसिक लाभ के लिए आपको पसंद की गतिविधियाँ खोजना
- नींद की स्वच्छता: इष्टतम आराम के लिए एक सुसंगत नींद का समय बनाना

अध्याय 3: अपने मन को शांत करना   40

- तनाव की पहचान और प्रबंधन: ट्रिगर को पहचानना और मुकाबला करने के तंत्र को लागू करना
- मनोवृत्ति प्रथाएँ: ध्यान, गहरी साँस लेना और चिंता को कम करने के लिए अन्य तकनीकें
- सकारात्मक सोच का विकास: नकारात्मक विचारों को पुनर्गठित करना और आशावाद को बढ़ावा देना
- भावनात्मक बुद्धिमत्ता का विकास: अपनी भावनाओं को समझना और उन्हें प्रभावी ढंग से विनियमित करना

अध्याय 4: अपनी आत्मा को जोड़ना   56

- विभिन्न आध्यात्मिकताओं और परंपराओं की खोज
- जीवन में अर्थ और उद्देश्य खोजना
- आध्यात्मिक विकास के लिए अभ्यास: प्रार्थना, ध्यान, जर्नलिंग, प्रकृति में समय बिताना
- अपने समुदाय और प्रियजनों के साथ संबंध बनाना

अध्याय 5: एक स्थायी कल्याण अभ्यास का निर्माण   74

- यथार्थवादी लक्ष्य निर्धारित करना और एक व्यक्तिगत आत्म-देखभाल योजना बनाना
- कल्याण प्रथाओं को अपनी दिनचर्या में शामिल करना
- चुनौतियों और असफलताओं पर काबू पाना: प्रेरित और लचीला रहना
- अपनी प्रगति और उपलब्धियों का जश्न मनाना
- आगे के अन्वेषण के लिए संसाधन: पुस्तकें, वेबसाइटें और संगठन

Chapter 1: Foundations of Well-being

Chapter 1: कल्याण की नींव

मन और शरीर का संबंध: शारीरिक स्वास्थ्य का मानसिक स्वास्थ्य पर प्रभाव और इसके विपरीत

हम अक्सर अपने शरीर और दिमाग को अलग-अलग इकाइयों के रूप में सोचते हैं, लेकिन वास्तव में, वे एक दूसरे से गहराई से जुड़े हुए हैं। वे जिस तरह से एक-दूसरे को प्रभावित करते हैं, उसे "मन-शरीर संबंध" कहा जाता है। इस संबंध को समझना हमारे समग्र स्वास्थ्य और कल्याण के लिए महत्वपूर्ण है।

शारीरिक स्वास्थ्य का मानसिक स्वास्थ्य पर प्रभाव:

- शारीरिक गतिविधि: नियमित रूप से व्यायाम करने से तनाव, चिंता और अवसाद के लक्षणों को कम करने में मदद मिल सकती है। व्यायाम एंडॉर्फिन, मूड-बढ़ाने वाले रसायनों को छोड़ता है, जो हमें बेहतर महसूस कराते हैं। यह नींद की गुणवत्ता को भी बढ़ा सकता है, जिससे समग्र मानसिक स्वास्थ्य में सुधार हो सकता है।

- आहार: हम जो भोजन करते हैं वह हमारे मानसिक स्वास्थ्य को भी प्रभावित कर सकता है। एक स्वस्थ, संतुलित आहार खाने से हमारे दिमाग को ठीक से काम करने के लिए आवश्यक पोषक तत्व मिलते हैं। दूसरी ओर, प्रसंस्कृत खाद्य पदार्थों और शर्करा का अधिक सेवन ऊर्जा के स्तर में गिरावट और चिड़चिड़ापन को बढ़ा सकता है।

- नींद: जब हम पर्याप्त नींद नहीं लेते हैं, तो हमारे मानसिक स्वास्थ्य पर इसका नकारात्मक प्रभाव पड़ सकता है। नींद की कमी चिंता, अवसाद और ध्यान केंद्रित करने में कठिनाई को बढ़ा सकती है। दूसरी

ओर, अच्छी नींद हमें तनाव को प्रबंधित करने और भावनाओं को विनियमित करने में बेहतर बनाती है।

- शारीरिक बीमारी: कुछ शारीरिक बीमारियां, जैसे कि हृदय रोग और मधुमेह, से मानसिक स्वास्थ्य समस्याओं का खतरा बढ़ सकता है। इसके अलावा, दर्द और पुरानी बीमारियां अवसाद और चिंता जैसी भावनाओं को जन्म दे सकती हैं।

मानसिक स्वास्थ्य का शारीरिक स्वास्थ्य पर प्रभाव:

- तनाव: लंबे समय तक तनाव हमारे शरीर पर कई तरह से नकारात्मक प्रभाव डाल सकता है। यह हृदय रोग, उच्च रक्तचाप, मोटापा और यहां तक कि कैंसर के खतरे को बढ़ा सकता है।
- चिंता: चिंता से सांस लेने में तकलीफ, सिरदर्द, मांसपेशियों में तनाव और पाचन संबंधी समस्याएं हो सकती हैं। यह नींद की गुणवत्ता को भी बाधित कर सकता है और प्रतिरक्षा प्रणाली को कमजोर कर सकता है।
- अवसाद: अवसाद से ऊर्जा में कमी, थकान, भूख में बदलाव और नींद की समस्या हो सकती है। यह पुरानी बीमारियों को भी बढ़ा सकता है और जीवन प्रत्याशा को कम कर सकता है।
- आदतें: हमारे मानसिक स्वास्थ्य से जुड़ी आदतें, जैसे कि धूम्रपान, शराब का अधिक सेवन और अस्वास्थ्यकर भोजन करना, हमारे शारीरिक स्वास्थ्य पर नकारात्मक प्रभाव डाल सकती हैं।

मन-शरीर के संबंध को बेहतर बनाने के लिए सुझाव:

- नियमित रूप से व्यायाम करें: व्यायाम मानसिक और शारीरिक स्वास्थ्य दोनों के लिए महत्वपूर्ण है। प्रतिदिन कम से कम 30 मिनट की मध्यम-तीव्रता वाली गतिविधि का लक्ष्य रखें।

- स्वस्थ आहार लें: संपूर्ण, असंसाधित खाद्य पदार्थों पर ध्यान दें, जैसे कि फल, सब्जियां, साबुत अनाज और दुबला प्रोटीन।
- पर्याप्त नींद लें: वयस्कों को प्रति रात 7-8 घंटे की नींद की आवश्यकता होती है। एक नियमित नींद का समय निर्धारित करें और एक आरामदायक नींद का वातावरण बनाएं।

मानसिक स्वास्थ्य का शारीरिक स्वास्थ्य पर प्रभाव

- तनाव: लंबे समय तक तनाव हृदय रोग, उच्च रक्तचाप, मधुमेह और अन्य शारीरिक बीमारियों के जोखिम को बढ़ा सकता है। तनाव शरीर में हार्मोन के स्तर को बढ़ाता है, जो प्रतिरक्षा प्रणाली को कमजोर कर सकता है और सूजन को बढ़ा सकता है।
- अवसाद: अवसाद से पीड़ित लोगों को शारीरिक बीमारियों के विकसित होने का खतरा अधिक होता है, जैसे कि हृदय रोग, स्ट्रोक और मधुमेह। अवसाद थकान, दर्द और भूख न लगने जैसे शारीरिक लक्षण भी पैदा कर सकता है।
- चिंता: चिंता से पीड़ित लोगों को भी शारीरिक बीमारियों के विकसित होने का खतरा अधिक होता है, जैसे कि हृदय रोग, उच्च रक्तचाप और अल्सर। चिंता से बेचैनी, हृदय गति में वृद्धि और रक्तचाप में वृद्धि जैसे शारीरिक लक्षण भी हो सकते हैं।
- व्यवहार संबंधी कारक: मानसिक स्वास्थ्य समस्याएं व्यसनों जैसे धूम्रपान, अधिक शराब पीने और अस्वास्थ्यकर खाने के विकार के विकास के जोखिम को बढ़ा सकती हैं। ये व्यवहार बदले में शारीरिक स्वास्थ्य को नुकसान पहुंचा सकते हैं।

अपने मन और शरीर को स्वस्थ रखने के टिप्स

- नियमित व्यायाम करें: हर दिन कम से कम 30 मिनट की मध्यम-तीव्रता वाली शारीरिक गतिविधि करें।
- स्वस्थ आहार लें: संपूर्ण अनाज, फल, सब्जियां, और दुबला प्रोटीन से भरपूर आहार खाएं।
- प्राथमिकता दें: तनाव कम करने के लिए स्वस्थ तरीके खोजें, जैसे कि ध्यान, योग या प्रकृति में समय बिताना।
- पर्याप्त नींद लें: हर रात 7-8 घंटे की नींद लेने का लक्ष्य रखें।
- सहायता प्राप्त करें: यदि आप अपने मानसिक या शारीरिक स्वास्थ्य के बारे में चिंतित हैं, तो पेशेवर मदद लेने में संकोच न करें।

आत्मा का आयाम समझना: जीवन में अर्थ और उद्देश्य खोजना

हजारों सालों से, मनुष्य जीवन के अर्थ और उद्देश्य के सवालों से जूझ रहे हैं। विभिन्न संस्कृतियों और धर्मों ने इन सवालों के जवाब खोजने के लिए विभिन्न आध्यात्मिक परंपराओं को विकसित किया है। आध्यात्मिकता का अर्थ है हमारे अस्तित्व के मूलभूत प्रश्न पूछना और जीवन का एक अर्थ और उद्देश्य खोजना जो व्यक्तिगत संतुष्टि और एक बड़े पूरे से जुड़ाव की भावना लाता है।

आध्यात्मिक आयाम क्या है?

आध्यात्मिक आयाम हमारे भौतिक अस्तित्व से परे है। यह हमारी गहरी आंतरिक वास्तविकता है, जो हमारे मूल्यों, विश्वासों और अर्थ के बारे में हमारी समझ को आकार देती है। यह किसी उच्च शक्ति, एक ब्रह्मांडीय चेतना या जीवन की किसी बड़ी योजना से जुड़ाव की भावना भी हो सकती है।

जीवन में अर्थ और उद्देश्य खोजना क्यों महत्वपूर्ण है?

जीवन में अर्थ और उद्देश्य खोजना हमारे जीवन को दिशा और उद्देश्य प्रदान करता है। यह हमें चुनौतियों का सामना करने और कठिनाइयों को दूर करने की ताकत देता है। यह हमें दूसरों के प्रति दयालु और सहानुभूतिपूर्ण बनने के लिए भी प्रेरित करता है और हमारे समुदायों और दुनिया में सकारात्मक बदलाव लाने का प्रयास करता है।

आध्यात्मिकता कैसे मदद कर सकती है?

आध्यात्मिक प्रथाओं में शामिल होने से हमें अपने आंतरिक स्व से जुड़ने और जीवन में अर्थ और उद्देश्य खोजने में मदद मिल सकती है। ये अभ्यास हमें निम्नलिखित में मदद कर सकते हैं:

- आत्म-जागरूकता: अपने मूल्यों, विश्वासों और जरूरतों को समझने के लिए समय निकालें।
- आत्म-प्रतिबिंब: अपने विचारों, भावनाओं और कार्यों पर ध्यान दें।
- अर्थ खोजना: जीवन में आप जो महत्व रखते हैं उसे पहचानें और उसे प्राप्त करने के लिए काम करें।
- उद्देश्य खोजना: अपनी प्रतिभा और क्षमता का उपयोग करके दूसरों की मदद करने और दुनिया को एक बेहतर जगह बनाने के तरीके खोजें।
- शांति और संतुष्टि प्राप्त करना: अपने आप को स्वीकार करना और जीवन के उतार-चढ़ाव को स्वीकार करना सीखें।

आध्यात्मिकता को अपने जीवन में कैसे शामिल करें?

आध्यात्मिकता को अपने जीवन में शामिल करने के कई तरीके हैं। कुछ लोकप्रिय तरीकों में शामिल हैं:

ध्यान: एक शांत और स्थिर दिमाग का अभ्यास करने के लिए ध्यान का अभ्यास करें।

प्रार्थना: किसी उच्च शक्ति से जुड़ने के लिए प्रार्थना करें।

पढ़ना: आध्यात्मिक ग्रंथ और लेख पढ़कर आत्म-ज्ञान प्राप्त करें।

प्रकृति में समय बिताना: प्रकृति की सुंदरता और शक्ति के साथ जुड़ने के लिए समय निकालें।

सेवा: दूसरों की मदद करने के लिए स्वयंसेवक या किसी दान के लिए काम करें।

रचनात्मकता: अपने रचनात्मक पक्ष को व्यक्त करने के लिए कला, संगीत या लेखन का उपयोग करें।

- समुदाय: एक आध्यात्मिक समुदाय में शामिल हों जो आपके मूल्यों को साझा करता है।

यह याद रखना महत्वपूर्ण है कि आध्यात्मिकता एक व्यक्तिगत यात्रा है और कोई एक आकार सभी के लिए उपयुक्त नहीं है। सबसे महत्वपूर्ण बात यह है कि आप एक ऐसा रास्ता खोजें जो आपके लिए काम करे और आपको अर्थ और उद्देश्य की भावना प्रदान करे।

यहां कुछ अतिरिक्त सुझाव दिए गए हैं जो आपको अपनी आध्यात्मिक यात्रा शुरू करने में मदद कर सकते हैं:

- अपने आप से सवाल पूछें: जीवन में आपके लिए क्या महत्वपूर्ण है? आप क्या हासिल करना चाहते हैं? आप दुनिया में कैसे बदलाव लाना चाहते हैं?

आध्यात्मिकता जीवन के कई पहलुओं को सकारात्मक रूप से प्रभावित कर सकती है। यह कर सकता है:

- आपको अर्थ और उद्देश्य की भावना प्रदान करें: जब आप जानते हैं कि आप क्यों यहाँ हैं और क्या करने के लिए हैं, तो जीवन अधिक सार्थक और उद्देश्यपूर्ण लग सकता है।
- तनाव और चिंता कम करें: आध्यात्मिक प्रथाएँ, जैसे कि प्रार्थना, ध्यान और योग, तनाव को कम करने और शांति की भावना को बढ़ावा देने में मदद कर सकती हैं।
- दया और करुणा बढ़ाएँ: आध्यात्मिकता आपको खुद से परे देखने और दूसरों के दुखों के प्रति अधिक संवेदनशील बनने में मदद कर सकती है।
- प्रतिरोध और लचीलापन बढ़ाएँ: जब आप जीवन की चुनौतियों का सामना करते हैं, तो एक मजबूत आध्यात्मिक आधार आपको मजबूत और लचीला बने रहने में मदद कर सकता है।

- खुद से जुड़ने में आपकी मदद करें: आध्यात्मिक खोज आपको अपनी गहरी आंतरिक सच्चाई और मूल्यों को समझने में मदद कर सकती है।

आध्यात्मिकता विकसित करना

यदि आप अपनी आध्यात्मिकता विकसित करना चाहते हैं, तो कई चीजें हैं जो आप कर सकते हैं। कुछ सुझावों में शामिल हैं:

- प्रार्थना या ध्यान का अभ्यास करें: प्रार्थना और ध्यान आपको शांत होने और अपने विचारों को केंद्रित करने में मदद कर सकते हैं। वे आपको एक उच्च शक्ति या स्वयं से परे किसी चीज से जुड़ने में भी मदद कर सकते हैं।
- पवित्र ग्रंथों को पढ़ें: कई धार्मिक परंपराओं में पवित्र ग्रंथ हैं जो ज्ञान और प्रेरणा का स्रोत हो सकते हैं।
- प्रकृति में समय बिताएं: प्रकृति में समय बिताना आपको शांत होने और एक बड़ी वास्तविकता के बारे में सोचने में मदद कर सकता है।
- सेवा में शामिल हों: दूसरों की मदद करने से आपको अर्थ और उद्देश्य की भावना मिल सकती है और दुनिया में सकारात्मक बदलाव लाने का एक तरीका प्रदान कर सकता है।
- एक आध्यात्मिक समुदाय में शामिल हों: ऐसे लोगों के साथ जुड़ना जो समान विश्वास रखते हैं, आपको समर्थन और प्रेरणा प्रदान कर सकते हैं।
- अपने आंतरिक मार्गदर्शन को सुनें: एक शांत दिमाग और खुले दिल के साथ, आप अपने आंतरिक मार्गदर्शन को सुनने और अपने जीवन में सही निर्णय लेने में सक्षम हो सकते हैं।

मजबूत आत्म-जागरूकता का निर्माण: अपने मूल्यों, जरूरतों और सीमाओं की पहचान करना

आत्म-जागरूकता एक शक्तिशाली उपकरण है जो आपके जीवन के सभी पहलुओं को बेहतर बनाने में आपकी मदद कर सकता है। यह आपको समझने में मदद करता है कि आप कौन हैं, आप क्या चाहते हैं, और आप किसके लिए खड़े हैं। यह आपको स्वस्थ संबंध बनाने, अपने लक्ष्यों को प्राप्त करने और एक सार्थक जीवन जीने में सक्षम बनाता है।

आत्म-जागरूकता क्या है?

आत्म-जागरूकता अपने आप को अच्छी तरह से जानने की प्रक्रिया है। यह आपके विचारों, भावनाओं, मूल्यों, जरूरतों और सीमाओं को समझने के बारे में है। यह इस बारे में भी है कि आप दुनिया के साथ कैसे बातचीत करते हैं और आप दूसरों को कैसे प्रभावित करते हैं।

आत्म-जागरूकता के तीन स्तंभ हैं:

1. आत्म-ज्ञान: यह आपके विचारों, भावनाओं और व्यवहारों के बारे में जागरूकता है।
2. आत्म-स्वीकृति: यह अपने सभी दोषों और कमियों के साथ खुद को स्वीकार करने के बारे में है।
3. आत्म-दया: यह अपने आप से दयालु और करुणामय होना है।

मजबूत आत्म-जागरूकता के लाभ

- बेहतर निर्णय लेने: जब आप अपने मूल्यों, जरूरतों और सीमाओं को समझते हैं, तो बेहतर निर्णय लेने के लिए आपकी स्थिति बेहतर होती है।

- स्वस्थ संबंध: जब आप अपने आप को अच्छी तरह से जानते हैं, तो आप दूसरों के साथ स्वस्थ और परिपक्व संबंध बनाने की अधिक संभावना रखते हैं।
- कम तनाव और चिंता: जब आप अपने ट्रिगर्स को समझते हैं और आपके लिए क्या काम करता है, तो तनाव और चिंता को कम करने के लिए आप बेहतर तरीके से सुसज्जित हैं।
- बढ़ा हुआ आत्मविश्वास: जब आप अपने आप को स्वीकार करते हैं और अपने आप को महत्व देते हैं, तो आपका आत्मविश्वास बढ़ता है।
- एक सार्थक जीवन: जब आप अपने मूल्यों और उद्देश्य को जानते हैं, तो आप एक ऐसा जीवन जी सकते हैं जो वास्तव में आपके लिए सार्थक है।

अपनी आत्म-जागरूकता का निर्माण कैसे करें

अपनी आत्म-जागरूकता का निर्माण करने के लिए आप कई चीजें कर सकते हैं। यहां कुछ सुझाव दिए गए हैं:

- आत्म-प्रतिबिंब का अभ्यास करें: नियमित रूप से अपनी भावनाओं, विचारों और व्यवहारों पर विचार करने के लिए समय निकालें। आप जर्नलिंग, ध्यान या किसी अन्य आत्म-प्रतिबिंब गतिविधि का उपयोग कर सकते हैं।
- प्रश्न पूछें: खुद से सवाल पूछने से आपको अपने बारे में अधिक जानने में मदद मिल सकती है। उन सवालों के बारे में सोचें जैसे, "मेरे लिए क्या महत्वपूर्ण है?" "मुझे क्या खुशी देती है?" और "मुझे किस बात का डर है?"
- फीडबैक लें: अपने विश्वसनीय दोस्तों, परिवार के सदस्यों या चिकित्सक से ईमानदार प्रतिक्रिया मांगें।

- नई चीजों को आजमाएं: अपने आप को एक ऐसी स्थिति में रखें जो आपको आरामदायक न हो। यह आपको अपनी सीमाओं को सीखने और अपने बारे में नई चीजों की खोज करने में मदद कर सकता है।

- अपने मूल्यों, जरूरतों और सीमाओं का निर्धारण करें: अपने मूल्यों, जरूरतों और सीमाओं को समझना आत्म-जागरूकता का एक महत्वपूर्ण हिस्सा है। अपने आप से सवाल पूछें जैसे, "क्या मेरे लिए महत्वपूर्ण है?" "मुझे क्या करने की आवश्यकता है?" और "मैं कहाँ नहीं कहने में सहज हूँ?"

आत्म-जागरूकता विकसित करने के कई तरीके हैं। कुछ सुझावों में शामिल हैं:

- आत्म-प्रतिबिंब के लिए समय निकालें: नियमित रूप से अपने विचारों, भावनाओं और व्यवहारों पर ध्यान दें। इस बारे में सोचें कि आप क्यों करते हैं जो आप करते हैं और आप अपने जीवन से क्या चाहते हैं।

- जर्नलिंग: अपने विचारों और भावनाओं को लिखना आपके लिए उन्हें समझने में आसान बना सकता है।

- ध्यान: ध्यान का अभ्यास करने से आप अपने मन को शांत करने और अपने आंतरिक स्व से जुड़ने में मदद कर सकते हैं।

- प्रतिक्रिया लें: अपनी ताकत और कमजोरियों के बारे में दूसरों से प्रतिक्रिया लें।

- नई चीजों को आजमाएं: अपनी आत्म-जागरूकता बढ़ाने के नए तरीकों को आजमाने के लिए खुले रहें।

अपनी आत्म-जागरूकता में सुधार के लिए यहां कुछ अतिरिक्त टिप्स दिए गए हैं:

- अपने आप से सवाल पूछें: खुद से नियमित रूप से सवाल पूछें, जैसे "मैं क्या कर रहा हूँ?", "मैं क्यों कर रहा हूँ?" और "मैं क्या चाहता हूँ?"
- अपनी भावनाओं को स्वीकार करें: अपनी भावनाओं को न दबाएं। उन्हें स्वीकार करें और उन्हें समझने की कोशिश करें।
- अपने आप पर दयालु रहें: हर कोई गलतियाँ करता है। अपने आप पर दयालु रहें और आगे बढ़ने की कोशिश करें।

आत्म-करुणा का विकास: अपने पूरे आत्म को गले लगाना, खामियों और सब कुछ

आत्म-करुणा एक शक्तिशाली उपकरण है जो आपके जीवन को बदल सकता है। यह आपके साथ दयालु और करुणामय होने के बारे में है, भले ही आपने गलतियाँ की हों या पूर्ण नहीं हैं। यह स्वीकार करने के बारे में है कि आप मानव हैं और आपको कभी-कभी संघर्ष करना पड़ेगा। यह खुद को वैसे ही स्वीकार करने के बारे में है जितने आप हैं, अपनी खामियों और सभी के साथ।

आत्म-करुणा क्या है?

आत्म-करुणा अपने प्रति दया और समझ का भाव है। यह स्वीकार करने के बारे में है कि आप मानव हैं और आपको कभी-कभी गलतियाँ करने या पूर्ण नहीं होने का अधिकार है। यह खुद को वैसे ही स्वीकार करने के बारे में है जितने आप हैं, अपनी खामियों और सभी के साथ।

आत्म-करुणा के तीन घटक हैं:

1. स्व-मैत्री: यह अपने साथ दयालु और सौम्य शब्दों का उपयोग करने के बारे में है।
2. साझा मानवता: यह मान्यता है कि हर कोई कभी-कभी संघर्ष करता है और दर्द का अनुभव करता है।
3. माइंडफुलनेस: यह वर्तमान क्षण में बिना किसी निर्णय के जागरूक होने के बारे में है।

आत्म-करुणा के लाभ

- कम तनाव और चिंता: जब आप खुद के प्रति दयालु और करुणामय होते हैं, तो आप तनाव और चिंता को कम करने में सक्षम होते हैं।
- बेहतर आत्म-सम्मान: आत्म-करुणा आपके आत्म-सम्मान को बढ़ाने में मदद कर सकती है और आपको खुद को अधिक स्वीकार करने में सक्षम बना सकती है।
- लचीलापन बढ़ा हुआ: जब आप स्वयं के प्रति दयालु और करुणामय होते हैं, तो आप जीवन की चुनौतियों से उबरने के लिए अधिक लचीला होते हैं।
- स्वस्थ संबंध: आत्म-करुणा आपके संबंधों को बेहतर बनाने में मदद कर सकती है, क्योंकि आप दूसरों के प्रति अधिक दयालु और समझदार होते हैं।
- एक सार्थक जीवन: जब आप खुद को स्वीकार करते हैं और अपने आप को महत्व देते हैं, तो आप एक ऐसा जीवन जी सकते हैं जो वास्तव में आपके लिए सार्थक है।

आत्म-करुणा का विकास कैसे करें

आप अपने जीवन में आत्म-करुणा का विकास करने के लिए कई चीजें कर सकते हैं। यहां कुछ सुझाव दिए गए हैं:

- स्वयं से बात करें जैसा कि आप किसी मित्र से बात करेंगे: जब आप स्वयं को नकारात्मक विचारों से पीड़ित पाते हैं, तो कल्पना करें कि आप एक प्रिय मित्र से बात कर रहे हैं। आप उस मित्र को क्या कहेंगे?
- अपने लिए दयालु कार्य करें: अपने लिए दयालु कार्य करने के लिए समय निकालें, जैसे कि स्नान करना, प्रकृति में टहलना, या कोई अन्य गतिविधि जो आपको आनंद देती है।
- माइंडफुलनेस का अभ्यास करें: माइंडफुलनेस का अभ्यास आपको वर्तमान क्षण में बिना किसी निर्णय के जागरूक होने में मदद कर सकता

है। यह आपको अपने विचारों और भावनाओं को देखने और स्वीकार करने में मदद कर सकता है, बिना उनसे जुड़े हुए।

- आत्म-करुणा ध्यान का अभ्यास करें: ऐसे कई निर्देशित ध्यान हैं जो आपको आत्म-करुणा का विकास करने में मदद कर सकते हैं।
- एक आत्म-करुणा मंत्र दोहराएं: एक छोटा सा वाक्यांश या मंत्र चुनें जो आपको आत्म-करुणा की याद दिलाता है। उदाहरण के लिए, आप "मैं अपने आप से दयालु रहने के लिए प्रतिबद्ध हूं," या "मैं मानव हूं और मुझे गलतियां करने का अधिकार है" दोहरा सकते हैं।

आत्म-दया के कई लाभ हैं, जिनमें शामिल हैं:

- कम तनाव और चिंता: जब आप खुद के प्रति दयालु होते हैं, तो आप कम तनाव और चिंता महसूस करते हैं।
- बेहतर आत्म-सम्मान: जब आप खुद को स्वीकार करते हैं, तो आप अपने बारे में बेहतर महसूस करते हैं।
- अधिक लचीलापन: जब आप खुद के प्रति दयालु होते हैं, तो आप जीवन की चुनौतियों को बेहतर तरीके से संभाल पाते हैं।
- स्वस्थ संबंध: जब आप खुद के प्रति दयालु होते हैं, तो आप दूसरों के साथ स्वस्थ संबंध बनाने में सक्षम होते हैं।
- एक अधिक सार्थक जीवन: जब आप खुद के प्रति दयालु होते हैं, तो आप एक ऐसा जीवन जी सकते हैं जो वास्तव में आपके लिए सार्थक है।

अपनी आत्म-दया का विकास कैसे करें

अपनी आत्म-दया का विकास करने के लिए आप कई चीजें कर सकते हैं। यहां कुछ सुझाव दिए गए हैं:

- अपने आप से दयालु शब्दों का प्रयोग करें: जब आप गलती करते हैं या असफल होते हैं, तो अपने आप से बात करने का तरीका बदलें। अपने आप को आश्वस्त करें और खुद को दयालु शब्द कहें।

- अपने आप को माफ करना सीखें: हर कोई गलतियाँ करता है। अपने आप को उन गलतियों को माफ करने के लिए सीखें और आगे बढ़ें।

- अपने आप को दूसरों से तुलना करना बंद करें: हर कोई अलग है। अपने आप को दूसरों से तुलना करना बंद करें और अपने लिए सही रास्ते पर ध्यान दें।

- अपने आप पर ध्यान दें: अपने लिए समय निकालें और उन चीजों को करें जो आपको खुश करती हैं।

- कृपया वचनबद्धता करें: अपने आप से एक वादा करें कि आप खुद के प्रति दयालु होंगे, चाहे कुछ भी हो।

Chapter 2: Nourishing Your Body

Chapter 2: अपने शरीर का पोषण करें

एक संतुलित आहार का महत्व: साबुत, पौष्टिक खाद्य पदार्थों का चुनाव

आपका शरीर एक अद्भुत मशीन है, और उसे ठीक से काम करने के लिए, उसे पोषक तत्वों की एक विस्तृत श्रृंखला की आवश्यकता होती है। इन पोषक तत्वों को प्राप्त करने का सबसे अच्छा तरीका एक संतुलित आहार है जिसमें विभिन्न प्रकार के साबुत, पौष्टिक खाद्य पदार्थ शामिल हैं।

संतुलित आहार क्या है?

एक संतुलित आहार में विभिन्न प्रकार के खाद्य पदार्थ शामिल होते हैं जो आपके शरीर को आवश्यक सभी पोषक तत्व प्रदान करते हैं। इसमें शामिल होना चाहिए:

- फल: फल विटामिन, खनिज और फाइबर का एक उत्कृष्ट स्रोत हैं। दिन में कम से कम दो से चार सर्विंग्स का लक्ष्य रखें।
- सब्जियां: सब्जियां विटामिन, खनिज और फाइबर का एक और बढ़िया स्रोत हैं। दिन में कम से कम पांच सर्विंग्स का लक्ष्य रखें।
- साबुत अनाज: साबुत अनाज फाइबर, विटामिन और खनिजों से भरपूर होते हैं। सफेद ब्रेड, पास्ता और चावल के बजाय साबुत अनाज का चयन करें।
- दुबला प्रोटीन: दुबला प्रोटीन आपके शरीर को मांसपेशियों के निर्माण और मरम्मत के लिए आवश्यक अमीनो एसिड प्रदान करता है। अच्छे स्रोतों में मछली, फलियां, टोफू और दुबला मांस शामिल हैं।

स्वस्थ वसा: स्वस्थ वसा आपके शरीर को ऊर्जा प्रदान करने और आपके दिल को स्वस्थ रखने के लिए आवश्यक हैं। अच्छे स्रोतों में एवोकाडो, नट, बीज और जैतून का तेल शामिल हैं।

संपूर्ण, पौष्टिक खाद्य पदार्थों का चयन क्यों करें?

संपूर्ण, पौष्टिक खाद्य पदार्थ प्रसंस्कृत खाद्य पदार्थों की तुलना में आपके स्वास्थ्य के लिए बेहतर हैं। प्रसंस्कृत खाद्य पदार्थ अक्सर कैलोरी, वसा, चीनी और नमक में उच्च होते हैं और पोषक तत्वों में कम होते हैं। दूसरी ओर, साबुत, पौष्टिक खाद्य पदार्थ पोषक तत्वों से भरपूर होते हैं और आपके स्वास्थ्य का समर्थन करने में मदद कर सकते हैं।

संपूर्ण, पौष्टिक खाद्य पदार्थ आपके लिए बेहतर क्यों हैं, इसके कुछ कारण यहां दिए गए हैं:

वे अधिक पौष्टिक होते हैं: संपूर्ण, पौष्टिक खाद्य पदार्थ प्रसंस्कृत खाद्य पदार्थों की तुलना में विटामिन, खनिज, फाइबर और अन्य पोषक तत्वों में अधिक होते हैं।

वे कम कैलोरी वाले होते हैं: संपूर्ण, पौष्टिक खाद्य पदार्थ अक्सर प्रसंस्कृत खाद्य पदार्थों की तुलना में कैलोरी में कम होते हैं।

वे आपको अधिक भरा हुआ महसूस कराते हैं: संपूर्ण, पौष्टिक खाद्य पदार्थ फाइबर में अधिक होते हैं, जो आपको अधिक भरा हुआ महसूस कराता है और आपको कम खाने में मदद करता है।

वे आपके स्वास्थ्य के लिए बेहतर होते हैं: संपूर्ण, पौष्टिक खाद्य पदार्थ खाने से हृदय रोग, मधुमेह, मोटापा और कुछ प्रकार के कैंसर सहित कई पुरानी बीमारियों के जोखिम को कम करने में मदद मिल सकती है।

अपने आहार में साबुत, पौष्टिक खाद्य पदार्थों को शामिल करने के लिए टिप्स

अपने आहार में साबुत, पौष्टिक खाद्य पदार्थों को शामिल करने के लिए यहां कुछ सुझाव दिए गए हैं:

- अपनी प्लेट को रंगीन बनाएं: विभिन्न प्रकार के रंगीन फलों और सब्जियों को चुनें।

- अधिक पोषक तत्व: संपूर्ण खाद्य पदार्थ विटामिन, खनिज, फाइबर और अन्य पोषक तत्वों से भरपूर होते हैं जो आपके स्वास्थ्य के लिए आवश्यक होते हैं।

- कम प्रसंस्कृत खाद्य पदार्थ: प्रसंस्कृत खाद्य पदार्थ आमतौर पर चीनी, नमक और अस्वास्थ्यकर वसा में अधिक होते हैं, जो आपके स्वास्थ्य के लिए हानिकारक हो सकते हैं।

- बेहतर पाचन: संपूर्ण खाद्य पदार्थ फाइबर में उच्च होते हैं, जो स्वस्थ पाचन को बढ़ावा देता है।

- अधिक ऊर्जा: संपूर्ण खाद्य पदार्थ आपके शरीर को लंबे समय तक ऊर्जा प्रदान करते हैं।

- वजन प्रबंधन: संपूर्ण खाद्य पदार्थ आमतौर पर प्रसंस्कृत खाद्य पदार्थों की तुलना में कम कैलोरी वाले होते हैं, जिससे स्वस्थ वजन बनाए रखने में मदद मिलती है।

संपूर्ण, पौष्टिक खाद्य पदार्थों को अपनी थाली में शामिल करना

एक संतुलित आहार में विभिन्न प्रकार के खाद्य पदार्थों को शामिल किया जाना चाहिए, जिसमें शामिल हैं:

- फल और सब्जियां: हर दिन कम से कम पांच सर्विंग फल और सब्जियां खाने का लक्ष्य रखें। विभिन्न प्रकार के रंगों का चयन करें ताकि आप विभिन्न प्रकार के विटामिन और खनिज प्राप्त कर सकें।

- साबुत अनाज: सफेद ब्रेड, पास्ता और चावल की जगह साबुत अनाज जैसे ब्राउन राइस, क्विनोआ और जौ चुनें। साबुत अनाज फाइबर में उच्च होते हैं, जो आपको लंबे समय तक भरा हुआ महसूस कराते हैं और स्वस्थ पाचन को बढ़ावा देते हैं।
- दुबला प्रोटीन: दुबला प्रोटीन स्रोत चुनें, जैसे मछली, मुर्गी, फलियां और टोफू। प्रोटीन आपके शरीर को ऊर्जा प्रदान करता है और मांसपेशियों के निर्माण और मरम्मत में मदद करता है।

हाइड्रेटेड रहें: आपके कल्याण में पानी की आवश्यक भूमिका

हमारा शरीर लगभग 70% पानी से बना है, जो इसे कार्य करने के लिए एक आवश्यक तत्व बनाता है। पानी हमारे शरीर को कई महत्वपूर्ण कार्यों को करने में मदद करता है, जिसमें शामिल हैं:

- तापमान नियमन: पसीना बहाकर हमारा शरीर गर्मी को दूर करता है। पानी पसीने के उत्पादन के लिए आवश्यक है, जिससे हमें ठंडा रहने में मदद मिलती है।
- पोषक तत्वों का परिवहन: पानी पोषक तत्वों को हमारे कोशिकाओं तक पहुंचाने में मदद करता है, जहां उनका उपयोग किया जा सकता है। यह अपशिष्ट उत्पादों को हमारे शरीर से बाहर निकालने में भी मदद करता है।
- जोड़ों का स्नेहन: पानी हमारे जोड़ों को कुशन और चिकनाई देता है, जिससे हमें स्वतंत्र रूप से घूमने में मदद मिलती है।
- मस्तिष्क का कार्य: पानी हमारे मस्तिष्क को कार्य करने में मदद करता है। निर्जलीकरण से थकान, सिरदर्द और ध्यान केंद्रित करने में कठिनाई हो सकती है।
- पाचन: पानी पाचन प्रक्रिया को सुचारू रूप से चलाने में मदद करता है। निर्जलीकरण से कब्ज हो सकता है।

निर्जलीकरण के संकेत और लक्षण

- प्यास: प्यास लगना निर्जलीकरण का सबसे आम लक्षण है। हालांकि, जब तक आपको प्यास लगती है, तब तक आप पहले से ही थोड़े निर्जलित हो सकते हैं।
- सूखा मुँह: निर्जलीकरण आपके मुंह और गले को सूखा और चिपचिपा बना सकता है।

- कम पेशाब: निर्जलीकरण से पेशाब की मात्रा और आवृत्ति में कमी आ सकती है। पेशाब का रंग गहरा पीला या भूरा भी हो सकता है।
- थकान: निर्जलीकरण आपको थका हुआ और सुस्त महसूस करा सकता है।
- सिरदर्द: निर्जलीकरण सिरदर्द का कारण बन सकता है।
- चक्कर आना और बेहोशी: गंभीर निर्जलीकरण से चक्कर आना और बेहोशी भी हो सकती है।

हाइड्रेटेड रहने के टिप्स

- हर दिन भरपूर पानी पिएं: वयस्कों को प्रतिदिन लगभग 8 गिलास पानी पीने का लक्ष्य रखना चाहिए। हालांकि, आपको अपनी गतिविधि के स्तर, जलवायु और स्वास्थ्य के आधार पर अधिक पानी पीने की आवश्यकता हो सकती है।
- पानी के अलावा अन्य तरल पदार्थ पिएं: आप अन्य तरल पदार्थों से भी हाइड्रेटेड रह सकते हैं, जैसे कि unsweetened चाय, कॉफी, दूध और फलों का रस। हालांकि, शर्करा पेय पदार्थों से बचने की कोशिश करें, क्योंकि वे निर्जलीकरण को बढ़ा सकते हैं।
- फलों और सब्जियों का सेवन बढ़ाएं: कई फलों और सब्जियों में पानी की मात्रा अधिक होती है, जो आपको हाइड्रेटेड रहने में मदद कर सकती है।
- जब आप प्यासे हों तब पिएं: जब तक आपको प्यास लगे तब तक पानी पीना महत्वपूर्ण है। निर्जलीकरण को रोकने के लिए दिन भर में नियमित रूप से घूंट लेना सबसे अच्छा है।
- अपने पेशाब के रंग पर ध्यान दें: आपका मस्तिष्क आपके शरीर को बताता है कि कब पानी की आवश्यकता होती है, इसलिए आपका पेशाब का रंग एक अच्छा संकेतक हो सकता है कि आप कितने हाइड्रेटेड हैं।

यदि आपका पेशाब पीला या गहरा पीला है, तो आपको अधिक पानी पीने की आवश्यकता हो सकती है।

- अतिरिक्त सावधानी बरतें: शिशुओं, बच्चों, बुजुर्गों और शारीरिक रूप से सक्रिय लोगों को निर्जलीकरण का खतरा अधिक होता है। इन समूहों को विशेष रूप से हाइड्रेटेड रहने के लिए सावधानी बरतनी चाहिए।

पर्याप्त पानी कैसे पियें?

- हर दिन 8 गिलास पानी पिएं: यह एक सामान्य दिशानिर्देश है, लेकिन आपको अपनी व्यक्तिगत जरूरतों के आधार पर अधिक या कम पीने की आवश्यकता हो सकती है।
- प्यास लगने से पहले पानी पिएं: जब आपको प्यास लगती है, तो आप पहले से ही निर्जलित हो सकते हैं।
- पूरे दिन छोटे-छोटे घूंट में पानी पिएं: एक बार में बहुत सारा पानी पीने से आपके शरीर को इसे अवशोषित करने का समय नहीं मिल सकता है।
- खाने के साथ पानी पिएं: भोजन के साथ पानी पीने से पाचन में सहायता मिलती है।
- फलों और सब्जियों का सेवन बढ़ाएं: फलों और सब्जियों में पानी की मात्रा अधिक होती है, जो आपके दैनिक तरल पदार्थ के सेवन में योगदान कर सकती है।
- कैफीन और अल्कोहल का सेवन सीमित करें: कैफीन और अल्कोहल आपके शरीर को निर्जलित कर सकते हैं।

अपनी हाइड्रेशन को ट्रैक करें

अपने हाइड्रेशन को ट्रैक करने के लिए एक पानी की बोतल का उपयोग करें या ऐप डाउनलोड करें। इससे आपको यह सुनिश्चित करने में मदद मिल सकती है कि आप पर्याप्त पानी पी रहे हैं।

आपके लिए क्या सही है

पर्याप्त पानी पीना आपके समग्र स्वास्थ्य और कल्याण के लिए सबसे महत्वपूर्ण चीजों में से एक है। अपने शरीर को सुनें और पीएं जब आपको प्यास लगे। यदि आप सुनिश्चित नहीं हैं कि आपको कितना पानी पीना चाहिए, तो अपने डॉक्टर से बात करें।

नियमित रूप से व्यायाम करें: शारीरिक और मानसिक लाभ के लिए आपको पसंद की गतिविधियाँ खोजना

नियमित व्यायाम हमारे शारीरिक और मानसिक स्वास्थ्य दोनों के लिए अविश्वसनीय रूप से फायदेमंद है। यह हमें मजबूत बनाता है, अधिक ऊर्जा देता है, तनाव को कम करता है, हमारे मूड को बेहतर बनाता है और हमें लंबे समय तक जीने में मदद करता है।

नियमित व्यायाम के शारीरिक लाभ:

- शक्ति और सहनशक्ति बढ़ाता है: नियमित व्यायाम आपकी मांसपेशियों को मजबूत बना सकता है और आपकी सहनशक्ति बढ़ा सकता है, जिससे आपको दैनिक कार्यों को पूरा करने और शारीरिक गतिविधियों का आनंद लेने में आसानी होती है।
- हृदय रोग और स्ट्रोक के जोखिम को कम करता है: व्यायाम आपके हृदय को स्वस्थ रखने में मदद करता है और हृदय रोग और स्ट्रोक के विकास के जोखिम को कम करता है।
- मधुमेह के जोखिम को कम करता है: व्यायाम आपके शरीर को इंसुलिन का उपयोग करने में मदद करता है, जो मधुमेह के विकास के जोखिम को कम करता है।
- कैंसर के कुछ प्रकारों के जोखिम को कम करता है: व्यायाम कुछ प्रकार के कैंसर, जैसे स्तन कैंसर और कोलोरेक्टल कैंसर के विकास के जोखिम को कम कर सकता है।
- हड्डियों और जोड़ों को मजबूत बनाता है: व्यायाम हड्डियों को मजबूत बनाने और ऑस्टियोपोरोसिस के जोखिम को कम करने में मदद करता है। साथ ही, यह जोड़ों को स्वस्थ रखने और जोड़ों के दर्द को कम करने में मदद करता है।

- वजन प्रबंधन में सहायता करता है: नियमित व्यायाम कैलोरी जलाने और स्वस्थ वजन बनाए रखने में मदद करता है।

नियमित व्यायाम के मानसिक लाभ:

- तनाव और चिंता को कम करता है: व्यायाम तनाव हार्मोन के स्तर को कम करता है और आपके मूड को बढ़ाने वाले रसायनों को जारी करता है।
- अवसाद के लक्षणों को कम करता है: व्यायाम अवसाद के लक्षणों को कम करने और आपके समग्र मानसिक स्वास्थ्य में सुधार करने में मदद कर सकता है।
- नींद में सुधार करता है: नियमित व्यायाम आपको तेजी से सो जाने और रात में अधिक गहरी नींद लेने में मदद कर सकता है।
- आत्म-सम्मान बढ़ाता है: नियमित व्यायाम आपको अपनी शारीरिक क्षमताओं के बारे में अधिक सकारात्मक महसूस करा सकता है और आपके आत्म-सम्मान को बढ़ा सकता है।
- मस्तिष्क को तेज रखता है: व्यायाम मस्तिष्क के कार्य को बढ़ावा दे सकता है और याददाश्त और संज्ञानात्मक कार्यों को बेहतर बना सकता है।

आपको कौन सी गतिविधियाँ पसंद हैं?

व्यायाम का आनंद लेने का सबसे अच्छा तरीका उन गतिविधियों को करना है जो आपको पसंद हैं। इससे व्यायाम को नियमित करने की अधिक संभावना है और यह आपके जीवन का एक सुखद हिस्सा बन जाएगा।

यहाँ कुछ गतिविधियाँ हैं जिन्हें आप आजमा सकते हैं:

- दौड़ना, जॉगिंग या टहलना: ये सरल और प्रभावी व्यायाम हैं जिन्हें आप कहीं भी कर सकते हैं।
- साइकिल चलाना: यह एक मजेदार तरीका है बाहर जाना और व्यायाम करना।
- तैराकी: यह पूरे शरीर को कसरत देने का एक बढ़िया तरीका है और जोड़ों पर आसान है।
- सामूहिक कक्षाएं: योग, Zumba, या नृत्य जैसी सामूहिक कक्षाएं आपको सामाजिक बनाने और व्यायाम करने का एक मजेदार तरीका प्रदान करती हैं।
  - टीम के खेल में शामिल हों: जैसे फुटबॉल, क्रिकेट, बैडमिंटन आदि।
  - एक डांस क्लास लें: जैसे जुम्बा, बॉलीवुड डांस आदि।
  - योग या पिलेट्स का अभ्यास करें: ये गतिविधियाँ आपके लचीलेपन और संतुलन में सुधार करने में मदद कर सकती हैं।
  - जिम जाएं: वेट ट्रेनिंग या कार्डियो उपकरण का उपयोग करें।
  - बाहर घूमें: टहलने, दौड़ने, साइकिल चलाने या तैराकी का आनंद लें।
  - अपने साथी या दोस्तों के साथ व्यायाम करें: यह आपको प्रेरित और जवाबदेह रहने में मदद कर सकता है।
  - नई गतिविधियाँ करने की कोशिश करें: विभिन्न प्रकार की गतिविधियों को करने से आपको ऊब नहीं होगी और आपको अपने लिए सबसे अच्छा क्या काम करता है यह पता लगाने में मदद मिल सकती है।

शुरुआत करना

यदि आप व्यायाम शुरू करने के लिए नए हैं, तो धीरे-धीरे शुरू करना महत्वपूर्ण है। हर दिन कम से कम 30 मिनट की मध्यम-तीव्रता वाली शारीरिक गतिविधि का लक्ष्य रखें। आप इसे छोटे टुकड़ों में विभाजित कर सकते हैं, जैसे कि दिन में 10 मिनट की तीन बार।

अपने डॉक्टर से बात करें

यदि आपको कोई स्वास्थ्य संबंधी चिंता है, तो व्यायाम शुरू करने से पहले अपने डॉक्टर से बात करना सुनिश्चित करें। वे आपको एक सुरक्षित और प्रभावी व्यायाम कार्यक्रम शुरू करने में मदद कर सकते हैं।

नींद की स्वच्छता: इष्टतम आराम के लिए एक सुसंगत नींद का समय निर्धारित करना

नींद हमारे समग्र स्वास्थ्य और कल्याण के लिए आवश्यक है। यह हमें शारीरिक रूप से ठीक होने, मानसिक रूप से रिचार्ज करने और अगले दिन के लिए तैयार होने में मदद करता है। दुर्भाग्य से, कई लोग नियमित रूप से अच्छी नींद प्राप्त करने के लिए संघर्ष करते हैं।

नींद की स्वच्छता क्या है?

नींद की स्वच्छता सोने से पहले की आदतों और व्यवहारों का समूह है जो अच्छी नींद को बढ़ावा देता है। इसमें सोने का समय, जागने का समय, और नींद के वातावरण को नियंत्रित करना शामिल है।

संतुलित नींद का समय क्यों महत्वपूर्ण है?

- बेहतर शारीरिक स्वास्थ्य: पर्याप्त नींद लेने से हृदय रोग, मधुमेह, और मोटापा जैसी पुरानी बीमारियों के विकास के जोखिम को कम करने में मदद मिलती है।
- बेहतर मानसिक स्वास्थ्य: पर्याप्त नींद लेने से तनाव, चिंता और अवसाद के लक्षणों को कम करने में मदद मिलती है।
- बेहतर मस्तिष्क समारोह: पर्याप्त नींद लेने से ध्यान केंद्रित करने, सीखने और याद रखने की आपकी क्षमता में सुधार होता है।
- बेहतर प्रतिरक्षा प्रणाली: पर्याप्त नींद लेने से आपके शरीर को बीमारी से लड़ने में मदद मिलती है।
- बेहतर मनोदशा: पर्याप्त नींद लेने से आप खुश और अधिक ऊर्जावान महसूस करते हैं।

एक सुसंगत नींद का समय कैसे निर्धारित करें?

- अपनी नींद की जरूरतों को जानें: अधिकांश वयस्कों को रात में 7-8 घंटे की नींद की आवश्यकता होती है। हालांकि, कुछ लोगों को कम या ज्यादा नींद की आवश्यकता हो सकती है।

- एक नियमित सोने का समय और जागने का समय निर्धारित करें: सप्ताहांत सहित, हर रात एक ही समय पर सोने और जागने की कोशिश करें।

- एक आरामदायक नींद का वातावरण बनाएं: अपने शयनकक्ष को अंधेरा, शांत और ठंडा रखें।

- बिस्तर से पहले आराम करने की दिनचर्या बनाएं: बिस्तर पर जाने से कम से कम एक घंटे पहले स्क्रीन बंद करें और आराम की गतिविधियों में शामिल हों, जैसे पढ़ना, स्नान करना या हल्का व्यायाम करना।

- बिस्तर का उपयोग केवल नींद और सेक्स के लिए करें: बिस्तर में टीवी देखने, काम करने या खाने से बचें।

- नियमित रूप से व्यायाम करें: व्यायाम आपको रात में बेहतर नींद लेने में मदद कर सकता है। हालांकि, सोने के समय से बहुत करीब व्यायाम करने से बचें।

- कैफीन और अल्कोहल का सेवन सीमित करें: कैफीन और अल्कोहल नींद में खलल डाल सकते हैं।

- एक नींद ट्रैकर का उपयोग करें: एक नींद ट्रैकर आपको यह पता लगाने में मदद कर सकता है कि आप कितनी नींद ले रहे हैं और अपनी नींद की आदतों में सुधार करने के लिए क्या कदम उठा सकते हैं।

यदि आपको अच्छी नींद आने में समस्या हो रही है

यदि आपको नियमित रूप से अच्छी नींद आने में समस्या हो रही है, तो अपने डॉक्टर से बात करें। वे आपको नींद की समस्या के अंतर्निहित कारण का पता लगाने और एक उपचार योजना विकसित करने में मदद कर सकते हैं।

आपके लिए क्या सही है

नींद की जरूरतें हर व्यक्ति के लिए अलग होती हैं। अपने शरीर को सुनें और सबसे अच्छा काम करने के लिए अपनी नींद की आदतों को समायोजित करें। एक सुसंगत नींद का समय निर्धारित करने और स्वस्थ नींद की आदतों को अपनाने से आप बेहतर नींद ले सकते हैं और अपने समग्र स्वास्थ्य और कल्याण को बढ़ा सकते हैं।

सुसंगत नींद कार्यक्रम बनाने के लिए टिप्स:

- हर रात एक ही समय पर सो जाएं और उठें, यहां तक कि सप्ताहांत और छुट्टियों पर भी। यह आपके शरीर को एक नियमित नींद-जागने का चक्र स्थापित करने में मदद करेगा।
- एक आरामदायक नींद का वातावरण बनाएं। सुनिश्चित करें कि आपका शयनकक्ष शांत, अंधेरा और ठंडा हो।
- सोने से पहले आराम की गतिविधियों में शामिल हों। एक गर्म स्नान करें, पढ़ें, या आरामदेह संगीत सुनें।
- अल्कोहल और कैफीन का सेवन सीमित करें। ये पदार्थ आपकी नींद को बाधित कर सकते हैं।
- भारी भोजन से बचें और सोने से पहले नियमित रूप से व्यायाम न करें।
- अपने बिस्तर का प्रयोग केवल सोने और यौन क्रिया के लिए करें। काम करने, टीवी देखने या कंप्यूटर का उपयोग करने के लिए अपने बिस्तर का प्रयोग न करें।

- यदि आप 20 मिनट के बाद सो नहीं पा रहे हैं, तो बिस्तर से उठें और कुछ आरामदेह करने के लिए जाएं। जब आप थकान महसूस करें तो वापस बिस्तर पर जाएं।

- यदि आप नींद की समस्याओं के बारे में चिंतित हैं, तो अपने डॉक्टर से बात करें।

अपनी नींद को ट्रैक करें

अपनी नींद को ट्रैक करने के लिए एक स्लीप डायरी रखें। यह आपको यह पहचानने में मदद कर सकता है कि कौन से कारक आपकी नींद को बाधित कर रहे हैं और सुधार करने के लिए आपको क्या करने की आवश्यकता है।

Chapter 3: Calming Your Mind

Chapter 3: मन को शांत करना

तनाव को पहचानना और उसका प्रबंधन करना: ट्रिगर्स को पहचानना और मुकाबला तंत्र लागू करना

जीवन में तनाव होना स्वाभाविक है। हालांकि, जब तनाव का स्तर लगातार ऊंचा रहता है, तो यह हमारे शारीरिक और मानसिक स्वास्थ्य पर बहुत नकारात्मक प्रभाव डाल सकता है। इसलिए, तनाव को पहचानना और उसका प्रबंधन करना सीखना महत्वपूर्ण है।

तनाव क्या है?

तनाव किसी भी खतरे या चुनौती के प्रति शरीर की प्रतिक्रिया है। जब हम तनाव में होते हैं, तो हमारा शरीर हार्मोन जैसे कोर्टिसोल और एड्रेनालाईन का उत्पादन करता है, जो हमें खतरे का सामना करने या इससे बचने के लिए तैयार करता है।

तनाव के लक्षण

तनाव के शारीरिक, भावनात्मक और व्यवहारिक लक्षणों में शामिल हैं:

- शारीरिक लक्षण: सिरदर्द, मांसपेशियों में तनाव, थकान, पेट की खराबी, नींद की समस्या।
- भावनात्मक लक्षण: चिंता, चिड़चिड़ापन, अवसाद, क्रोध।
- व्यवहारिक लक्षण: खराब निर्णय, वापसी, मादक द्रव्यों का सेवन, अस्वास्थ्यकर खाने की आदतें।

तनाव के ट्रिगर्स को पहचानना

तनाव के ट्रिगर्स उन चीजें या स्थितियां हैं जो तनाव की प्रतिक्रिया को ट्रिगर करती हैं। प्रत्येक व्यक्ति के लिए ट्रिगर्स अलग-अलग होते हैं, लेकिन कुछ सामान्य ट्रिगर्स में शामिल हैं:

- काम का दबाव
- पैसा की समस्याएं
- रिश्ते की समस्याएं
- परीक्षा और परीक्षण
- बड़े जीवन परिवर्तन
- स्वास्थ्य संबंधी समस्याएं

तनाव से निपटने के लिए तंत्र

तनाव का प्रबंधन करने के लिए कई तरह के स्वस्थ मुकाबला तंत्र हैं। कुछ प्रभावी तंत्रों में शामिल हैं:

- शारीरिक व्यायाम: नियमित व्यायाम तनाव को दूर करने और एंडोर्फिन के उत्पादन को बढ़ावा देने में मदद करता है, जो मूड को बेहतर बनाता है।
- विश्राम तकनीक: ध्यान, योग, गहरी साँस लेने के व्यायाम और प्रगतिशील मांसपेशियों में छूट जैसी विश्राम तकनीक तनाव को कम करने और शांत महसूस करने में मदद कर सकती हैं।
- स्वस्थ सामाजिक संबंध: अच्छे दोस्तों और परिवार के साथ समय बिताना तनाव को कम करने और समर्थन की भावना प्रदान करने में मदद कर सकता है।

- आरामदायक गतिविधियाँ: ऐसे शौक और गतिविधियाँ करना जिनका आप आनंद लेते हैं, तनाव को कम करने और खुशी की भावना को बढ़ाने में मदद कर सकती हैं।
- समय प्रबंधन: अपने समय को प्रभावी ढंग से प्रबंधित करने से आपको तनावपूर्ण स्थितियों को नियंत्रित करने में मदद मिल सकती है।
- स्वस्थ जीवन शैली: पर्याप्त नींद लेना, स्वस्थ आहार बनाए रखना और मादक द्रव्यों के सेवन से बचना तनाव के स्तर को कम करने में मदद कर सकता है।
- पेशेवर मदद लेना: यदि आप अपने तनाव का प्रबंधन करने में सक्षम नहीं हैं, तो किसी चिकित्सक या परामर्शदाता से मदद लेने से डरें नहीं।

आपके लिए क्या सही है

तनाव के प्रबंधन के लिए सबसे प्रभावी तरीके प्रत्येक व्यक्ति के लिए अलग-अलग होते हैं। यह महत्वपूर्ण है कि आप अपने लिए काम करने वाले तंत्रों को खोजें और उन्हें नियमित रूप से अभ्यास करें। तनाव के ट्रिगर्स को पहचानना और उनसे बचना भी तनाव के स्तर को कम करने में मदद कर सकता है।

माइंडफुलनेस प्रथाएं: चिंता कम करने के लिए ध्यान, गहरी सांस लेने और अन्य तकनीकें

आज की व्यस्त दुनिया में, चिंता एक आम समस्या है। यह नकारात्मक विचारों, भावनाओं और शारीरिक लक्षणों को जन्म दे सकता है जो हमारे दैनिक जीवन को बाधित कर सकते हैं। सौभाग्य से, कई प्रभावी माइंडफुलनेस प्रथाएं हैं जो चिंता को कम करने और शांति की भावना को बढ़ावा देने में मदद कर सकती हैं।

माइंडफुलनेस क्या है?

माइंडफुलनेस वर्तमान क्षण में बिना किसी निर्णय के ध्यान देने का अभ्यास है। यह अपने विचारों, भावनाओं और शारीरिक संवेदनाओं को स्वीकार करने के बारे में है, चाहे वे सुखद हों या अप्रिय। माइंडफुलनेस अभ्यास करने से, हम अपने मन को शांत करना और अधिक तनावपूर्ण और चिंताजनक स्थितियों में भी शांत रहना सीख सकते हैं।

चिंता कम करने के लिए माइंडफुलनेस प्रथाएं

यहां कुछ माइंडफुलनेस प्रथाएं हैं जिनका उपयोग चिंता को कम करने और शांति की भावना को बढ़ावा देने के लिए किया जा सकता है:

1. ध्यान:

ध्यान माइंडफुलनेस का सबसे आम अभ्यास है। इसमें एक शांत और आरामदायक वातावरण में बैठना या लेटना और अपनी सांस पर ध्यान केंद्रित करना शामिल है। जब आपका मन भटकता है, तो धीरे से इसे वापस अपनी सांस पर लाएं। ध्यान के कई अलग-अलग प्रकार हैं, इसलिए आप अपने लिए सबसे अच्छा काम करने वाले प्रकार को ढूंढ सकते हैं।

2. गहरी सांस लेने के व्यायाम:

गहरी सांस लेने के व्यायाम तनाव और चिंता को कम करने में मदद कर सकते हैं। इन अभ्यासों में से एक का प्रयास करें:

- समान सांस लेना: अपनी नाक के माध्यम से धीरे-धीरे और समान रूप से चार बार सांस लें, अपनी सांस को चार बार रोकें, और फिर अपने मुंह से छह बार सांस छोड़ें। इस प्रक्रिया को कई बार दोहराएं।
- वैकल्पिक नाक शोधन: अपने दाहिने नथुने को अंगूठे से बंद करें और अपने बाएं नथुने से धीरे-धीरे श्वास लें। अपनी सांस को रोकें, फिर अपने अंगूठे को हटा दें और अपने दाहिने नथुने से बाहर निकालें। अब, अपने बाएं नथुने को अपने अनामिका से बंद करें और अपने दाहिने नथुने से श्वास लें। इस प्रक्रिया को कई बार दोहराएं।

3. प्रगतिशील मांसपेशियों में छूट:

प्रगतिशील मांसपेशियों में छूट एक ऐसी तकनीक है जिसमें शरीर के विभिन्न मांसपेशी समूहों को तनाव देना और छोड़ना शामिल है। यह तनाव और चिंता को कम करने और शारीरिक और मानसिक विश्राम को बढ़ावा देने में मदद कर सकता है।

4. बॉडी स्कैनिंग:

शरीर स्कैनिंग एक ध्यान अभ्यास है जिसमें शरीर के विभिन्न भागों पर ध्यान केंद्रित करना और उनमें किसी भी शारीरिक संवेदना को नोटिस करना शामिल है। यह आपको अपने शरीर के बारे में अधिक जागरूक होने और शारीरिक तनाव को दूर करने में मदद कर सकता है।

5. दिमागीपन आंदोलन:

माइंडफुलनेस आंदोलन में योग, ताई ची, या चल ध्यान जैसी गतिविधियां शामिल हैं। इन गतिविधियों में अपने शरीर के आंदोलनों पर ध्यान केंद्रित करना और वर्तमान क्षण में उपस्थित रहना शामिल है। यह तनाव और चिंता को कम करने, मूड को बढ़ाने और शारीरिक फिटनेस में सुधार करने में मदद कर सकता है।

माइंडफुलनेस प्रैक्टिसेज़ के लाभ

माइंडफुलनेस का अभ्यास करने के कई लाभ हैं, जिनमें शामिल हैं:

- कम चिंता: माइंडफुलनेस आपको अपने चिंताजनक विचारों और भावनाओं को दूर करने में मदद कर सकती है और शांत और केंद्रित रहने में आपकी सहायता कर सकती है।
- बेहतर ध्यान और एकाग्रता: माइंडफुलनेस आपको अपने दिमाग को भटकने से रोकने और वर्तमान क्षण पर ध्यान केंद्रित करने में मदद कर सकती है, जिससे आप अधिक कुशल और प्रभावी बन सकते हैं।
- बेहतर भावनात्मक विनियमन: माइंडफुलनेस आपको अपनी भावनाओं को पहचानने और उनका प्रबंधन करने में मदद कर सकती है, जिससे आप तनावपूर्ण स्थितियों में अधिक लचीला बन सकते हैं।
- बेहतर नींद: माइंडफुलनेस आपको सोने से पहले शांत और आराम करने में मदद कर सकती है, जिससे आपको रात में अच्छी नींद आती है।
- दर्द प्रबंधन: माइंडफुलनेस आपको दर्द से होने वाली परेशानी को कम करने में मदद कर सकती है और दर्द प्रबंधन को आसान बना सकती है।

चिंता को कम करने के लिए माइंडफुलनेस प्रैक्टिसेज़

यहां कुछ माइंडफुलनेस प्रैक्टिसेज़ हैं जिनका उपयोग आप चिंता को कम करने के लिए कर सकते हैं:

1. ध्यान: ध्यान माइंडफुलनेस का अभ्यास करने का एक सामान्य और प्रभावी तरीका है। विभिन्न प्रकार के ध्यान अभ्यास हैं, जिनमें शामिल हैं:

- श्वास-फोकस ध्यान: इस अभ्यास में, आप अपनी श्वास पर ध्यान केंद्रित करते हैं और अपने विचारों को भटकने से रोकने का प्रयास करते हैं।

- बॉडी स्कैन ध्यान: इस अभ्यास में, आप अपने शरीर के विभिन्न भागों पर ध्यान केंद्रित करते हैं और किसी भी शारीरिक संवेदना को महसूस करते हैं।

- प्रेमपूर्ण दयालुता ध्यान (Metta meditation): इस अभ्यास में, आप अपने लिए और दूसरों के लिए करुणा और दया की भावनाओं का विकास करते हैं।

2. गहरी साँस लेने के व्यायाम: गहरी साँस लेने के व्यायाम तंत्रिका तंत्र को शांत करने और चिंता को कम करने में मदद कर सकते हैं। इन अभ्यासों में से एक है डायफ्रामेटिक श्वास, जिसे आप अपने पेट को भरकर और अपनी छाती को स्थिर रखते हुए साँस लेते हैं।

3. माइंडफुल मूवमेंट: माइंडफुल मूवमेंट का अभ्यास करते समय, आप अपने शरीर की गतिविधियों पर ध्यान केंद्रित करते हैं और वर्तमान क्षण में मौजूद रहने का प्रयास करते हैं। आप योग, ताई ची, या ध्यानपूर्ण चलने जैसी गतिविधियों का अभ्यास कर सकते हैं।

सकारात्मक सोच विकसित करना: नकारात्मक विचारों को पुनः परिभाषित करना और आशावाद को बढ़ावा देना

हम सभी जानते हैं कि सोच का हमारे जीवन पर कितना गहरा प्रभाव पड़ता है। हमारे विचार हमारे भावनाओं, कार्यों और यहां तक कि हमारे स्वास्थ्य को भी प्रभावित करते हैं। यही कारण है कि सकारात्मक सोच विकसित करना इतना महत्वपूर्ण है।

सकारात्मक सोच क्या है?

सकारात्मक सोच एक ऐसी मानसिकता है जो चुनौतियों और विफलताओं के बावजूद जीवन की अच्छाइयों पर ध्यान देने का प्रयास करती है। यह एक चेतन प्रयास है नकारात्मक विचारों को अधिक सकारात्मक और यथार्थवादी लोगों के साथ बदलने का।

सकारात्मक सोच के लाभ

सकारात्मक सोच के कई लाभ हैं, जिनमें शामिल हैं:

- कम तनाव और चिंता: जब आप सकारात्मक दृष्टिकोण रखते हैं, तो आप जीवन की चुनौतियों को उतनी गंभीरता से नहीं लेते हैं। इससे आप तनाव और चिंता के स्तर को कम कर सकते हैं।
- बेहतर मनोदशा: सकारात्मक सोच आपको अधिक खुश और संतुष्ट महसूस करा सकती है।
- बढ़ा हुआ आत्म-सम्मान: जब आप अपने आप में और अपनी क्षमताओं में विश्वास करते हैं, तो आप अधिक आत्मविश्वास और सशक्त महसूस करते हैं।

- बेहतर शारीरिक स्वास्थ्य: शोध से पता चला है कि सकारात्मक सोच दिल की बीमारी, स्ट्रोक और यहां तक कि कैंसर सहित कई स्वास्थ्य समस्याओं के जोखिम को कम कर सकती है।
- बेहतर संबंध: सकारात्मक दृष्टिकोण आपको दूसरों के साथ अधिक सकारात्मक और स्वस्थ संबंध बनाने में मदद कर सकता है।

नकारात्मक विचारों को पुनः परिभाषित करना

यदि आप अपने आप को नकारात्मक विचारों से जूझते हुए पाते हैं, तो उन्हें अधिक सकारात्मक दृष्टिकोण से देखने का प्रयास करें। यहां कुछ सुझाव दिए गए हैं:

- अपने विचारों को पहचानें और चुनौती दें: जब आप एक नकारात्मक विचार सोचते हैं, तो उसे रोकें और उसका विश्लेषण करें। क्या यह विचार यथार्थवादी है? क्या आपके पास इसे और अधिक सकारात्मक तरीके से देखने का कोई तरीका है?
- अपने आप से सकारात्मक बातें कहें: अपने आप को प्रोत्साहित करने के लिए दयालु और सहायक शब्दों का प्रयोग करें।
- अपने आप को दूसरों से तुलना करना बंद करें: हर कोई अलग है। अपने आप को दूसरों से तुलना करने से केवल नकारात्मक विचार पैदा होंगे।
- आभार का अभ्यास करें: उन चीजों के बारे में सोचें जिनके लिए आप आभारी हैं, चाहे वे कितनी भी छोटी क्यों न हों।
- अपनी सफलताओं को याद रखें: उन क्षणों को याद करें जब आपने चुनौतियों को दूर किया है और अपने लक्ष्यों को प्राप्त किया है। इससे आपको अपने आप में विश्वास बढ़ाने में मदद मिलेगी।

आशावाद को बढ़ावा देना

आशावाद एक सकारात्मक भावना है कि भविष्य उज्ज्वल है और बेहतर चीजें होने वाली हैं। यहां आशावाद को बढ़ावा देने के कुछ तरीके दिए गए हैं:

- लक्ष्य निर्धारित करें और उन पर काम करें: लक्ष्य निर्धारित करने से आपको भविष्य के बारे में सकारात्मक सोचने के लिए कुछ दिया जाता है। अपने लक्ष्यों को प्राप्त करने के लिए काम करने से आपको यह महसूस करने में मदद मिल सकती है कि आप अपने जीवन को नियंत्रित कर सकते हैं।

- प्रेरणादायक लोगों के आसपास खुद को घेरें: सकारात्मक और उत्साही लोगों के साथ समय बिताने से आपका अपना दृष्टिकोण प्रभावित हो सकता है।

अपने विचारों को पहचानें: नकारात्मक विचार आने पर उन्हें पहचानने के लिए एक पल लें।

अपने विचारों को चुनौती दें: क्या आपके विचार यथार्थवादी हैं? क्या कोई अन्य, अधिक सकारात्मक दृष्टिकोण है?

अपने विचारों को बदलें: नकारात्मक विचारों को सकारात्मक विचारों से बदलने का प्रयास करें।

ध्यान लगाएं: ध्यान आपको अपने विचारों को दूर करने और वर्तमान क्षण में रहने में मदद कर सकता है।

किसी से बात करें: किसी दोस्त, परिवार के सदस्य, या चिकित्सक से बात करने से आपको नकारात्मक विचारों से निपटने में मदद मिल सकती है।

आशावाद को बढ़ावा देना

आशावाद का अर्थ है भविष्य के बारे में सकारात्मक दृष्टिकोण रखना। आशावादी होने के कई लाभ हैं, जिनमें शामिल हैं:

- बढ़ी हुई लचीलापन: आशावादी लोग चुनौतियों का सामना करने और आगे बढ़ने के लिए अधिक सक्षम होते हैं।
- बेहतर निर्णय लेने: आशावादी लोग अधिक तर्कसंगत और स्पष्ट निर्णय लेते हैं।
- बढ़ी हुई रचनात्मकता: आशावादी लोग नए विचारों और समाधानों के साथ आने में अधिक सक्षम होते हैं।
- बेहतर शारीरिक और मानसिक स्वास्थ्य: आशावाद तनाव, चिंता और अवसाद के लक्षणों को कम कर सकता है और शारीरिक स्वास्थ्य में सुधार कर सकता है।

भावनात्मक बुद्धिमत्ता का विकास: अपनी भावनाओं को समझना और उनका प्रभावी ढंग से नियमन करना

आधुनिक जीवन की तीव्र गति में, जहाँ हम लगातार सूचनाओं और मांगों से घिरे रहते हैं, भावनात्मक बुद्धिमत्ता का विकास अत्यंत आवश्यक हो जाता है। भावनात्मक बुद्धिमत्ता (EQ) अपने स्वयं के और दूसरों के भावनात्मक अनुभवों को समझने, पहचानने और उनका प्रबंधन करने की क्षमता है। यह जीवन के सभी पहलुओं में सफलता और खुशी के लिए एक महत्वपूर्ण कौशल है।

भावनात्मक बुद्धिमत्ता के घटक क्या हैं?

भावनात्मक बुद्धिमत्ता को कई प्रमुख घटकों में विभाजित किया जा सकता है:

- आत्म-जागरूकता: यह अपनी भावनाओं को पहचानने और समझने की क्षमता है। इसका मतलब यह है कि आप जानते हैं कि आप किन भावनाओं का अनुभव कर रहे हैं, वे कब पैदा हुई हैं और क्यों पैदा हुई हैं।
- आत्म-नियमन: यह अपनी भावनाओं को प्रबंधित करने और नियंत्रित करने की क्षमता है। इसमें आवेगपूर्ण प्रतिक्रियाओं को रोकना, तनाव को कम करना और चुनौतीपूर्ण परिस्थितियों में शांत रहना शामिल है।
- सामाजिक जागरूकता: यह दूसरों की भावनाओं को पहचानने और समझने की क्षमता है। इसमें सहानुभूति रखना, सक्रिय रूप से सुनना और दूसरों के दृष्टिकोण को समझने की इच्छा शामिल है।
- संबंध प्रबंधन: यह दूसरों के साथ सकारात्मक और प्रभावी संबंध बनाने की क्षमता है। इसमें संचार कौशल, सहयोग, संघर्ष समाधान और नेतृत्व कौशल शामिल हैं।

भावनात्मक बुद्धिमत्ता को विकसित करने के लाभ

भावनात्मक बुद्धिमत्ता को विकसित करने के कई लाभ हैं, जिनमें शामिल हैं:

- बेहतर मानसिक स्वास्थ्य: भावनात्मक बुद्धिमत्ता तनाव, चिंता और अवसाद के लक्षणों को कम करने में मदद कर सकती है।
- बेहतर शारीरिक स्वास्थ्य: भावनात्मक बुद्धिमत्ता हृदय स्वास्थ्य, नींद की गुणवत्ता और प्रतिरक्षा प्रणाली को बेहतर बनाने में मदद कर सकती है।
- बेहतर संबंध: भावनात्मक बुद्धिमत्ता आपको दूसरों के साथ अधिक सकारात्मक और सार्थक संबंध बनाने में मदद कर सकती है।
- बेहतर प्रदर्शन: भावनात्मक बुद्धिमत्ता आपको काम, स्कूल और अन्य क्षेत्रों में अधिक सफल होने में मदद कर सकती है।
- आत्मविश्वास में वृद्धि: भावनात्मक बुद्धिमत्ता आपको अपनी भावनाओं को प्रबंधित करने और अपनी क्षमताओं पर विश्वास करने में मदद कर सकती है।

अपनी भावनात्मक बुद्धिमत्ता को कैसे विकसित करें?

भावनात्मक बुद्धिमत्ता को सीखा जा सकता है और अभ्यास के साथ विकसित किया जा सकता है। यहां कुछ चीजें हैं जो आप कर सकते हैं:

- अपनी भावनाओं को पहचानें और उनका नामकरण करें: अपने आप को उन शारीरिक संवेदनाओं और विचारों के बारे में बताएं जो आपकी भावनाओं के साथ जुड़े हुए हैं।
- अपनी भावनाओं के कारणों को समझने का प्रयास करें: अपनी भावनाओं को ट्रिगर करने वाली स्थितियों और विचारों को पहचानें।
- अपनी भावनाओं को स्वीकार करें: अपनी सभी भावनाओं को, चाहे वे सकारात्मक हों या नकारात्मक, स्वीकार करें।

- अपनी भावनाओं को स्वस्थ तरीके से व्यक्त करें: अपनी भावनाओं को दूसरों पर या स्वयं पर न निकालें। इसके बजाय, शारीरिक व्यायाम, बातचीत, या रचनात्मक अभिव्यक्ति जैसे स्वस्थ तरीकों से अपनी भावनाओं को व्यक्त करने का प्रयास करें।
- आत्म-नियंत्रण: अपने आवेगों और भावनाओं को नियंत्रित करने की क्षमता।
- आत्म-प्रेरणा: अपने लक्ष्यों को प्राप्त करने और जीवन में आगे बढ़ने के लिए खुद को प्रेरित करने की क्षमता।
- सहानुभूति: दूसरों की भावनाओं को समझने और पहचानने की क्षमता।
- सामाजिक कौशल: प्रभावी रूप से संवाद करने, संबंध बनाने और दूसरों के साथ सहयोग करने की क्षमता।

भावनात्मक बुद्धिमत्ता के लाभ

भावनात्मक बुद्धिमत्ता विकसित करने के कई लाभ हैं, जिनमें शामिल हैं:

- बेहतर मानसिक स्वास्थ्य: भावनात्मक बुद्धिमत्ता तनाव, चिंता और अवसाद के लक्षणों को कम कर सकती है।
- बेहतर शारीरिक स्वास्थ्य: भावनात्मक बुद्धिमत्ता हृदय स्वास्थ्य, प्रतिरक्षा प्रणाली और नींद की गुणवत्ता में सुधार कर सकती है।
- बेहतर रिश्ते: भावनात्मक बुद्धिमत्ता आपको दूसरों के साथ अधिक स्वस्थ और सार्थक संबंध बनाने में मदद कर सकती है।
- बढ़ी हुई उत्पादकता: भावनात्मक बुद्धिमत्ता आपको अपने लक्ष्यों को प्राप्त करने और सफल होने के लिए अधिक केंद्रित और प्रेरित रहने में मदद कर सकती है।

- बढ़ा हुआ आत्मविश्वास: भावनात्मक बुद्धिमत्ता आपको अपने आप में और अपनी क्षमताओं में अधिक विश्वास रखने में मदद कर सकती है।

अपनी भावनात्मक बुद्धिमत्ता बढ़ाने के टिप्स

अपनी भावनात्मक बुद्धिमत्ता को बढ़ाने के लिए आप कई चीजें कर सकते हैं:

- अपनी भावनाओं के बारे में जागरूक रहें: अपनी भावनाओं को पहचानने के लिए समय निकालें और उनका नामकरण करें।
- अपनी भावनाओं के बारे में सोचें: अपनी भावनाओं को समझने के लिए कुछ समय निकालें और उनके कारणों पर विचार करें।
- अपने आवेगों को नियंत्रित करें: अपनी भावनाओं के अनुसार कार्य करने के बजाय, सोच-समझकर प्रतिक्रिया करने का प्रयास करें।
- अपने आप को सकारात्मक रूप से प्रेरित करें: अपने लक्ष्यों को प्राप्त करने और जीवन में आगे बढ़ने के लिए खुद को प्रेरित करने के लिए सकारात्मक आत्म-चर्चा का प्रयोग करें।
- दूसरों के दृष्टिकोण पर विचार करें: दूसरों की भावनाओं को समझने और पहचानने का प्रयास करें।
- प्रभावी रूप से संवाद करें: अपनी भावनाओं को स्पष्ट और सम्मानजनक तरीके से व्यक्त करें।
- संबंध बनाने के कौशल का अभ्यास करें: सहयोग करने और दूसरों के साथ मिलकर काम करने के लिए अपने सामाजिक कौशल का अभ्यास करें।
- ध्यान लगाएं: ध्यान आपको अपनी भावनाओं को दूर करने और वर्तमान क्षण में रहने में मदद कर सकता है।

- पेशेवर मदद लेने: यदि आपको अपनी भावनाओं को प्रबंधित करने में कठिनाई हो रही है, तो किसी चिकित्सक या मानसिक स्वास्थ्य पेशेवर से बात करने से डरें नहीं।

Chapter 4: Connecting Your Spirit

Chapter 4: अपनी आत्मा से जुड़ना

विभिन्न आध्यात्मिकताओं और परंपराओं की खोज

मानव इतिहास के आरंभ से ही आध्यात्मिकता का अस्तित्व रहा है। यह जीवन के अर्थ, मृत्यु के बाद के जीवन, और हमारे ब्रह्मांड के रहस्यों के बारे में हमारे गहरे सवालों को समझने के हमारे प्रयास का एक अनिवार्य हिस्सा है। विभिन्न संस्कृतियों और समय अवधि में, आध्यात्मिकता विभिन्न रूपों में प्रकट हुई है, जिससे विभिन्न धर्मों, परंपराओं और विश्वास प्रणालियों का निर्माण हुआ है।

आध्यात्मिकता क्या है?

आध्यात्मिकता को विभिन्न तरीकों से परिभाषित किया जा सकता है। आम तौर पर, यह एक उच्च शक्ति या वास्तविकता के साथ संबंध की भावना को संदर्भित करता है। यह हमारे स्वयं के भीतर गहराई से जुड़ने, जीवन के अर्थ और उद्देश्य को खोजने, और दिव्यता का अनुभव करने का प्रयास है।

विभिन्न आध्यात्मिकताएँ और परंपराएँ

दुनिया में आध्यात्मिकता के कई अलग-अलग रूप हैं, जिनमें से प्रत्येक का अपना अनूठा इतिहास, विश्वास प्रणाली, और प्रथाएं हैं। यहाँ कुछ सबसे आम आध्यात्मिकताओं और परंपराओं के उदाहरण दिए गए हैं:

- ब्रह्म धर्म: भारत में उत्पन्न, ब्रह्म धर्म हिंदू धर्म, जैन धर्म, सिख धर्म और बौद्ध धर्म सहित कई धर्मों का आधार है। यह कर्म, पुनर्जन्म और मोक्ष (मुक्ति) के सिद्धांतों में विश्वास करता है।

- ईसाई धर्म: यह एकेश्वरवादी धर्म है जो यीशु मसीह की शिक्षाओं पर आधारित है। ईसाई धर्म प्रेम, क्षमा और दया के सिद्धांतों को महत्व देता है।
- इस्लाम: यह एक एकेश्वरवादी धर्म है जो पैगंबर मुहम्मद की शिक्षाओं पर आधारित है। इस्लाम कुरान को ईश्वर का शब्द मानता है और इस्लाम के पांच स्तंभों का पालन करता है।
- बौद्ध धर्म: भारत में उत्पन्न बौद्ध धर्म दुख, दुख के कारणों और दुख से मुक्ति के मार्ग पर केंद्रित है। बौद्ध धर्म ध्यान, करुणा और बुद्धत्व प्राप्त करने के महत्व को महत्व देता है।
- ताओवाद: यह चीनी दर्शन एक सामंजस्यपूर्ण जीवन जीने के लिए ताओ (मार्ग) का पालन करने के महत्व पर जोर देता है। ताओवाद संतुलन, अनासक्ति और प्राकृतिक दुनिया के साथ सद्भाव में रहने के सिद्धांतों को महत्व देता है।
- आदिवासी आध्यात्मिकता: दुनिया भर में स्वदेशी संस्कृतियों की अपनी विशिष्ट आध्यात्मिक परंपराएं हैं। ये परंपराएं आमतौर पर प्रकृति के साथ गहरे संबंध, पूर्वजों का सम्मान और आत्माओं के अस्तित्व में विश्वास पर आधारित होती हैं।

विभिन्न आध्यात्मिकताओं और परंपराओं की खोज के लाभ

आध्यात्मिकता के विभिन्न रूपों को सीखने और उनका अनुभव करने से कई लाभ हो सकते हैं, जिनमें शामिल हैं:

- आत्म-ज्ञान: विभिन्न परंपराओं का अध्ययन करने से आप विभिन्न विश्वास प्रणालियों और दार्शनिक दृष्टिकोणों के बारे में अधिक जान सकते हैं। यह आपको अपने स्वयं के विश्वासों और मूल्यों को स्पष्ट करने और गहराई से समझने में मदद कर सकता है।

- व्यक्तिगत विकास: आध्यात्मिक प्रथाओं को अपनाने से आप अपने मन, शरीर और आत्मा को विकसित कर सकते हैं। ध्यान, प्रार्थना, और सेवा जैसी प्रथाएं आपको तनाव कम करने, चिंता को कम करने और आंतरिक शांति प्राप्त करने में मदद कर सकती हैं।
- सार्थक संबंध: आध्यात्मिक समुदाय में शामिल होने से आप समान विचारधारा वाले लोगों के साथ जुड़ सकते हैं और सार्थक संबंध बना सकते हैं। यह आपको समर्थन, प्रेरणा और साहचर्य प्रदान कर सकता है।

दुनिया भर में विभिन्न आध्यात्मिकताएं और परंपराएं मौजूद हैं, जिनमें कुछ प्रमुख धर्मों में शामिल हैं:

- हिंदू धर्म: हिंदू धर्म एक बहुदेववादी धर्म है जो कर्म, पुनर्जन्म और मोक्ष की अवधारणाओं पर आधारित है।
- बौद्ध धर्म: बौद्ध धर्म एक धर्म है जो दुख के कारणों और उससे मुक्ति पाने के तरीकों पर केंद्रित है।
- ईसाई धर्म: ईसाई धर्म एक एकेश्वरवादी धर्म है जो यीशु मसीह के जीवन और शिक्षाओं पर आधारित है।
- इस्लाम: इस्लाम एक एकेश्वरवादी धर्म है जो अल्लाह के एकमात्र ईश्वर में विश्वास पर आधारित है।
- सिख धर्म: सिख धर्म एकेश्वरवादी धर्म है जो गुरु ग्रंथ साहिब के पवित्र ग्रंथ पर आधारित है।
- यहूदी धर्म: यहूदी धर्म एक एकेश्वरवादी धर्म है जो टोरा के पवित्र ग्रंथ पर आधारित है।

इन प्रमुख धर्मों के अलावा, कई अन्य आध्यात्मिक और धार्मिक परंपराएं भी हैं, जिनमें पारंपरिक धर्मों के विभिन्न संप्रदाय, आदिवासी आध्यात्मिकताएं और नए धार्मिक आंदोलन शामिल हैं।

आध्यात्मिकता की खोज में प्रथम चरण

यदि आप विभिन्न आध्यात्मिकताओं और परंपराओं के बारे में जानने में रुचि रखते हैं, तो यहां कुछ कदम उठाए जा सकते हैं:

- अपने आप से पूछें कि आप क्या खोज रहे हैं: अपनी आध्यात्मिक खोज शुरू करने से पहले, अपने आप से पूछें कि आप क्या उम्मीद कर रहे हैं। क्या आप जीवन के अर्थ के बारे में अधिक जानने की कोशिश कर रहे हैं? क्या आप तनाव को कम करने के तरीकों की तलाश कर रहे हैं? क्या आप एक समुदाय से जुड़ना चाहते हैं?
- विभिन्न आध्यात्मिकताओं और परंपराओं के बारे में पढ़ें: विभिन्न धर्मों और आध्यात्मिक परंपराओं के बारे में पढ़ने के लिए किताबें, लेख और ऑनलाइन संसाधनों का उपयोग करें।

जीवन में अर्थ और उद्देश्य खोजना

जीवन में अर्थ और उद्देश्य खोजना मानव अनुभव का एक अनिवार्य हिस्सा है। हम सभी इस प्रश्न से जूझते हैं कि हम यहां क्यों हैं और हमारा जीवन क्या है। इस प्रश्न का उत्तर व्यक्ति के अनुसार अलग-अलग होगा, लेकिन यह एक ऐसा प्रश्न है जिस पर विचार करना महत्वपूर्ण है।

अर्थ और उद्देश्य की खोज के लाभ

जीवन में अर्थ और उद्देश्य खोजने के कई लाभ हैं, जिनमें शामिल हैं:

- बढ़ी खुशी और पूर्ति: जब हम अपने जीवन में अर्थ और उद्देश्य पाते हैं, तो हम अधिक खुश और संतुष्ट महसूस करते हैं।
- बढ़ी हुई प्रेरणा: जब हम जानते हैं कि हम क्यों जी रहे हैं, तो हम अपने लक्ष्यों को प्राप्त करने और सफल होने के लिए अधिक प्रेरित होते हैं।
- बेहतर मानसिक और शारीरिक स्वास्थ्य: अध्ययनों से पता चला है कि जीवन में अर्थ और उद्देश्य खोजने से तनाव, चिंता और अवसाद का स्तर कम हो सकता है और शारीरिक स्वास्थ्य में सुधार हो सकता है।
- अधिक मजबूत रिश्ते: जब हम अपने जीवन में अर्थ और उद्देश्य पाते हैं, तो हम दूसरों के साथ अधिक गहरे और सार्थक संबंध बनाने में सक्षम होते हैं।

अर्थ और उद्देश्य खोजने के तरीके

जीवन में अर्थ और उद्देश्य खोजने के लिए कोई एक-आकार-फिट-सभी उत्तर नहीं है। हालांकि, कुछ तरीके हैं जिनकी मदद से आप सार्थक जीवन जीने की दिशा में आगे बढ़ सकते हैं:

- अपने मूल्यों को पहचानें: आपके मूल्य वे चीजें हैं जो आपके लिए सबसे ज्यादा मायने रखती हैं। अपने मूल्यों को पहचानने से आपको यह तय करने में मदद मिलेगी कि आप अपने जीवन को कैसे जीना चाहते हैं।

- अपनी ताकत और कमजोरियों को पहचानें: अपनी ताकत और कमजोरियों को जानने से आपको यह पता लगाने में मदद मिलेगी कि आप अपने जीवन में क्या हासिल कर सकते हैं।

- अपने जुनून का पालन करें: अपने जुनून का पालन करने से आपको ऐसा जीवन जीने में मदद मिल सकती है जो आपको खुशी और संतुष्टि प्रदान करता है।

- दूसरों की सेवा करें: दूसरों की सेवा करने से आपको अपने जीवन में उद्देश्य का अनुभव हो सकता है और आप अधिक सार्थक तरीके से जुड़ सकते हैं।

आत्म-प्रतिबिंब का अभ्यास करें: नियमित रूप से आत्म-प्रतिबिंब का अभ्यास करने से आपको अपने जीवन पर विचार करने और अपने लिए महत्वपूर्ण चीजों को पहचानने का अवसर मिलता है।

एक सलाहकार से बात करें: यदि आपको सार्थक जीवन जीने के लिए मार्गदर्शन की आवश्यकता है, तो एक जीवन कोच या आध्यात्मिक गुरु से बात करने पर विचार करें।

एक धार्मिक या आध्यात्मिक समुदाय में शामिल हों: एक धार्मिक या आध्यात्मिक समुदाय में शामिल होने से आपको समर्थन और मार्गदर्शन मिल सकता है क्योंकि आप जीवन में अर्थ और उद्देश्य खोजते हैं।

याद रखें, जीवन में अर्थ और उद्देश्य खोजने की यात्रा एक आजीवन यात्रा है। धैर्य रखें और अपने लिए जो काम करता है उसे खोजने के लिए विभिन्न तरीकों का प्रयोग करें। जब आप जीवन में अर्थ और उद्देश्य पाते हैं, तो आप अधिक खुशी, शांति और पूर्ति का अनुभव करेंगे।

इसके अतिरिक्त, आप स्वयं से निम्नलिखित प्रश्न पूछ सकते हैं:

- मैं अपने जीवन का उपयोग किस तरह से दुनिया को बेहतर जगह बनाने के लिए कर सकता हूं?
- मैं किस तरह के जीवन को जीना चाहता हूं और मैं इसे कैसे प्राप्त कर सकता हूं?
- मेरे जीवन में सबसे महत्वपूर्ण चीजें क्या हैं?
- मैं दूसरों को कैसे प्रेरित और सशक्त बना सकता हूं?
- मैं कैसे एक बेहतर इंसान बन सकता हूं?

इन सवालों के जवाब खोजने से आपको अपने जीवन में अर्थ और उद्देश्य खोजने में मदद मिलेगी।

कई दार्शनिकों, धार्मिक नेताओं और लेखकों ने जीवन के अर्थ और उद्देश्य के बारे में लिखा है। यहाँ कुछ प्रसिद्ध विचार हैं:

- अरस्तू: "मनुष्य का सर्वोच्च सुख बुद्धिमान गतिविधि में निहित है।"
- विक्टर फ्रैंकल: "जीवन का अर्थ खोजने के लिए, सबसे पहले हमें यह समझना होगा कि जीवन हमसे क्या माँगता है।"
- मार्क ट्वेन: "जीवन में दो सबसे महत्वपूर्ण दिन वह दिन है जब आप पैदा होते हैं और वह दिन जब आपको पता चलता है कि क्यों।"
- दलाई लामा: "जीवन का उद्देश्य खुश रहना है।"
- हरमन हेस्से: "जीवन का अर्थ उन सभी चीजों को खोजने और जीने में है जो आपको जीवन के लिए प्यार करते हैं।"

इन विचारों को ध्यान में रखते हुए, जीवन में अर्थ और उद्देश्य खोजने के लिए यहां कुछ व्यक्तिगत उपाय दिए गए हैं:

आत्म-प्रतिबिंब का अभ्यास करें

अपनी आत्मा से जुड़ने और अपने मूल्यों, विश्वासों और इच्छाओं को समझने के लिए समय निकालें। आत्म-प्रतिबिंब के कुछ उपयोगी तरीकों में ध्यान करना, जर्नलिंग करना, प्रकृति में समय बिताना, या किसी गुरु या धार्मिक नेता से बात करना शामिल हो सकता है।

अपने जुनून को खोजें

आपके लिए क्या महत्वपूर्ण है और आपको क्या करने में आनंद आता है, इस पर विचार करें। क्या आपको किसी विशेष विषय में रुचि है? क्या आप किसी विशेष कारण में विश्वास करते हैं? क्या कोई ऐसा कौशल है जिसे आप विकसित करना चाहते हैं? अपने जुनून को खोजने से आपको जीवन में उद्देश्य और दिशा मिल सकती है।

दूसरों की मदद करें

दूसरों की मदद करने से आपको अपने से बड़े किसी चीज़ का हिस्सा बनने का एहसास हो सकता है और आपकी आत्मा को पोषित कर सकता है। स्वयंसेवक, दान करें, या किसी ऐसे कारण के लिए काम करें जो आपके लिए महत्वपूर्ण है।

आभार व्यक्त करें

आपके जीवन में अच्छी चीजों के लिए आभारी रहने से आप अधिक खुश और सकारात्मक रह सकते हैं। उन सभी चीजों के लिए आभारी रहें जिनके लिए आप आभारी हैं, चाहे वे बड़ी हों या छोटी।

विफलता से सीखें

विफलता जीवन का एक अनिवार्य हिस्सा है। इससे डरो मत, बल्कि इसे सीखने और बढ़ने के अवसर के रूप में देखो। जब आप असफल होते हैं, तो उससे सबक सीखें और आगे बढ़ने के लिए उसका उपयोग करें।

क्षमा करें और आगे बढ़ें

क्षमा करना कठिन है, लेकिन यह आपके जीवन में आगे बढ़ने के लिए आवश्यक है। अपने आप को और दूसरों को क्षमा करना आपको शांति और खुशी पाने में मदद कर सकता है।

नए अनुभवों के लिए खुले रहें

अपने आप को नए अनुभवों के लिए खोलना आपकी आंखों को नई संभावनाओं की ओर खोल सकता है। नई चीजों को आजमाने से न डरें और देखें कि आपको कहां ले जाता है।

जीवन में अर्थ और उद्देश्य खोजना एक सतत प्रक्रिया है

यह एक ऐसा सवाल है जिस पर हम जीवन भर विचार करते रहेंगे। सबसे महत्वपूर्ण बात यह है कि खुले दिमाग और दिल के साथ यात्रा का आनंद लेना है।

आध्यात्मिक विकास के लिए अभ्यास: प्रार्थना, ध्यान, जर्नलिंग और प्रकृति में समय बिताना

आध्यात्मिक विकास एक व्यक्तिगत और चल रही यात्रा है जो आंतरिक शांति, खुशी और जीवन के अर्थ की गहरी समझ की ओर ले जाती है। इस यात्रा को बढ़ाने के लिए विभिन्न अभ्यासों का उपयोग किया जा सकता है। इस लेख में, हम चार प्रमुख आध्यात्मिक विकास प्रथाओं की चर्चा करेंगे:

प्रार्थना:

प्रार्थना वह अभ्यास है जिसके द्वारा हम एक उच्च शक्ति या आध्यात्मिक सार से संवाद करते हैं। यह कृतज्ञता व्यक्त करने, मार्गदर्शन मांगने, या क्षमा मांगने का एक तरीका हो सकता है। प्रार्थना करने के कई तरीके हैं, और जो सबसे अच्छा काम करता है वह व्यक्तिगत विश्वास और प्राथमिकताओं पर निर्भर करता है।

प्रार्थना के लाभ:

- तनाव और चिंता को कम करना
- आशा और आत्मविश्वास बढ़ाना
- आध्यात्मिक संबंध को मजबूत बनाना
- आत्म-जागरूकता बढ़ाना

** ध्यान:**

ध्यान एकाग्रता और दिमाग को वर्तमान क्षण में लाने का अभ्यास है। यह हमें अपने विचारों और भावनाओं को नियंत्रित करने और आंतरिक शांति की स्थिति प्राप्त करने में मदद करता है। ध्यान के विभिन्न रूप हैं, जिनमें श्वास-केंद्रित ध्यान, मंत्र ध्यान, और चलने वाला ध्यान शामिल हैं।

ध्यान के लाभ:

- तनाव और चिंता को कम करना
- फोकस और एकाग्रता में सुधार
- रचनात्मकता और अंतर्ज्ञान बढ़ाना
- नींद की गुणवत्ता में सुधार

जर्नलिंग:

जर्नलिंग एक आत्म-अन्वेषण और आत्म-प्रतिबिंब का अभ्यास है। यह हमें अपनी भावनाओं, विचारों और अनुभवों को लिखने और उनका विश्लेषण करने का अवसर देता है। जर्नलिंग हमें अपने विचारों को व्यवस्थित करने, अपने आप को बेहतर ढंग से समझने और व्यक्तिगत विकास को बढ़ावा देने में मदद कर सकता है।

जर्नलिंग के लाभ:

- आत्म-जागरूकता बढ़ाना
- तनाव और चिंता को कम करना
- समस्याओं को हल करने में मदद करता है
- रचनात्मकता को बढ़ावा देता है

प्रकृति में समय बिताना:

प्रकृति में समय बिताना आध्यात्मिक विकास के लिए एक शक्तिशाली उपकरण हो सकता है। प्रकृति की सुंदरता और शांति हमें तनाव और चिंता से मुक्त होने में मदद करती है, और हमें हमारे आसपास की दुनिया से जुड़ने की अनुमति देती है। प्रकृति में टहलने, पहाड़ पर चढ़ने, या बस

एक शांत स्थान पर बैठकर प्रकृति की आवाज़ों को सुनने जैसी साधारण गतिविधियाँ भी आध्यात्मिक विकास में योगदान कर सकती हैं।

प्रकृति में समय बिताने के लाभ:

- तनाव और चिंता को कम करना
- आत्म-सम्मान बढ़ाना
- रचनात्मकता को बढ़ावा देना
- ध्यान को बढ़ावा देना

आध्यात्मिक विकास के लिए सभी उपरोक्त अभ्यासों को एक साथ या अलग से किया जा सकता है। सबसे महत्वपूर्ण बात यह है कि एक अभ्यास खोजें जो आपके लिए काम करे और इसे अपनी दिनचर्या में नियमित रूप से शामिल करें। समय के साथ, आप देखेंगे कि ये अभ्यास आपके आध्यात्मिक विकास को बढ़ा सकते हैं और आपको जीवन में अधिक शांति, खुशी और उद्देश्य की भावना प्रदान कर सकते हैं।

अतिरिक्त युक्तियाँ:

एक सहायक समुदाय खोजें: आध्यात्मिक विकास के समान रुचियों वाले लोगों का एक समुदाय खोजें। यह एक धार्मिक समूह, एक ध्यान समूह, या आध्यात्मिक विकास पर केंद्रित कोई अन्य समूह हो सकता है।

एक गुरु या शिक्षक की तलाश करें: एक गुरु या शिक्षक आपको मार्गदर्शन और समर्थन प्रदान कर सकता है।

. ध्यान:

ध्यान मन को शांत करने और वर्तमान क्षण में रहने का अभ्यास है। यह तनाव और चिंता को कम करने, एकाग्रता में सुधार करने और आत्म-जागरूकता बढ़ाने में मदद कर सकता है।

ध्यान के विभिन्न प्रकार हैं:

- श्वास ध्यान: अपनी सांस पर ध्यान केंद्रित करना।
- मंत्र ध्यान: एक शब्द या वाक्यांश को दोहराना।
- विजुअलाइज़ेशन ध्यान: एक शांत और आरामदायक दृश्य की कल्पना करना।
- माइंडफुलनेस ध्यान: अपने आस-पास की चीजों के बारे में बिना किसी निर्णय के जागरूक होना।

आपको जिस प्रकार का ध्यान सबसे उपयोगी लगता है उसे खोजने के लिए विभिन्न प्रकार के ध्यान का प्रयास करने में संकोच न करें।

3. जर्नलिंग:

जर्नलिंग अपने विचारों, भावनाओं और अनुभवों को लिखने का अभ्यास है। यह आत्म-चिंतन को बढ़ावा देने, आत्म-जागरूकता बढ़ाने और जीवन के बारे में नई अंतर्दृष्टि प्राप्त करने का एक शानदार तरीका है।

जर्नलिंग के विभिन्न तरीके हैं:

- दैनिक जर्नलिंग: हर दिन कुछ मिनट के लिए लिखना।
- प्रॉम्प्ट-आधारित जर्नलिंग: विशिष्ट प्रश्नों के उत्तर देकर जर्नलिंग करना।
- आभार जर्नलिंग: आप जिस चीज के लिए आभारी हैं उसे लिखना।
- स्वप्न जर्नलिंग: अपने सपनों को लिखना।

जो भी तरीका आप चुनते हैं, नियमित रूप से जर्नलिंग आपके आध्यात्मिक विकास को बढ़ाने में मदद कर सकती है।

4. प्रकृति में समय बिताना:

प्रकृति में समय बिताना शांत और ध्यान केंद्रित करने का एक शानदार तरीका है। यह तनाव और चिंता को कम करने, रचनात्मकता को बढ़ाने और प्रेरणा पाने में मदद कर सकता है।

प्रकृति में समय बिताने के विभिन्न तरीके हैं:

- टहलने जाना
- बागवानी
- नदी या झील के किनारे बैठना
- पहाड़ों में लंबी पैदल यात्रा करना
- अकेले बैठकर प्रकृति की आवाज़ों को सुनना

अपने समुदाय और प्रियजनों के साथ संबंध बनाना

मनुष्य सामाजिक प्राणी हैं, जो जुड़ाव और संबंध के लिए तैयार हैं। हम सार्थक रिश्तों पर पनपते हैं जो हमें प्यार, समर्थन और एक साथ रहने का एहसास कराते हैं। हालांकि, आधुनिक जीवन की भागदौड़ अक्सर हमारे समुदायों और प्रियजनों के साथ मजबूत संबंध बनाए रखना चुनौतीपूर्ण बना सकती है। सौभाग्य से, ऐसे ठोस कदम हैं जो हम इन रिश्तों को पोषित करने और अधिक पूर्ण जीवन का निर्माण करने के लिए ले सकते हैं।

मजबूत संबंधों के लाभ

मजबूत संबंध बनाने से कई लाभ मिलते हैं, जिनमें शामिल हैं:

- **बढ़ी हुई खुशी और कल्याण:** मजबूत सामाजिक संबंध हमारी समग्र खुशी और कल्याण में महत्वपूर्ण योगदान करते हैं। वे एक साथ रहने और उद्देश्य की भावना प्रदान करते हैं, तनाव और चिंता को कम करते हैं, और कठिन समय में भावनात्मक समर्थन प्रदान करते हैं।

- **बेहतर मानसिक और शारीरिक स्वास्थ्य:** शोध अध्ययनों ने मजबूत सामाजिक संबंधों और बेहतर मानसिक और शारीरिक स्वास्थ्य के बीच संबंध दिखाया है। मजबूत सामाजिक नेटवर्क वाले व्यक्तियों में अवसाद, चिंता और अकेलेपन की दर कम होती है, और यहां तक कि लंबे जीवन काल का भी आनंद लेते हैं।

- **बढ़ा हुआ लचीलापन और समर्थन:** जीवन चुनौतियां पेश करता है, और एक मजबूत समर्थन प्रणाली होने से सभी फर्क पड़ सकते हैं। जब हम चुनौतियों का सामना करते हैं, तो हमारे प्रियजन एक सुनने वाला कान, मूल्यवान सलाह और व्यावहारिक सहायता प्रदान कर सकते हैं।

- **उद्देश्य की बढ़ी हुई भावना:** एक समुदाय का हिस्सा होने से हमें अपने से बड़ी किसी चीज में योगदान करने और अपने जीवन में अर्थ खोजने की

अनुमति मिलती है। यह स्वयंसेवा, सामुदायिक गतिविधियों में भाग लेने या बस दोस्तों और परिवार के लिए मौजूद रहने के माध्यम से हो सकता है।

- अधिक रचनात्मकता और नवाचार: विचारों को साझा करने और दूसरों के साथ सहयोग करने से रचनात्मकता और नवाचार को बढ़ावा मिल सकता है। विविध व्यक्तियों से जुड़कर और सार्थक बातचीत में शामिल होकर, हम खुद को नए दृष्टिकोणों और संभावनाओं के लिए खोलते हैं।

अपने समुदाय के साथ संबंधों को पोषित करना

- स्थानीय गतिविधियों में शामिल हों: सामुदायिक कार्यक्रमों में भाग लें, स्थानीय संगठनों के लिए स्वयंसेवा करें, क्लब या खेल टीमों में शामिल हों, या सामुदायिक बैठकों में भाग लें। ये गतिविधियाँ नए लोगों से मिलने, अपने हितों को साझा करने और अपने समुदाय में योगदान करने के अवसर प्रदान करती हैं।

- सार्थक बातचीत में संलग्न हों: छोटी-छोटी बातों से परे जाएं और अपने पड़ोसियों, दोस्तों और सहकर्मियों के साथ गहरी बातचीत में शामिल हों। वास्तविक प्रश्न पूछें, सक्रिय रूप से सुनें और अपने विचार और भावनाओं को खुले तौर पर साझा करें।

- सहायता और समर्थन प्रदान करें: जरूरत पड़ने पर दूसरों के लिए मौजूद रहें। मदद करने वाला हाथ बढ़ाएं, एक सुनने वाला कान उधार दें, या बस प्रोत्साहन के शब्द दें। वास्तविक देखभाल और समर्थन दिखाने से दूसरों के साथ आपके बंधन मजबूत होते हैं।

- विविधता और समावेश को अपनाएं: विभिन्न पृष्ठभूमि, संस्कृतियों और दृष्टिकोणों वाले लोगों के साथ जुड़ने के अवसरों की सक्रिय रूप से तलाश करें। इससे दुनिया के बारे में आपकी समझ बढ़ती है और सभी के लिए एक साथ रहने की भावना को बढ़ावा मिलता है

मजबूत संबंध बनाने से कई लाभ मिलते हैं, जिनमें शामिल हैं:

- खुशी और कल्याण में वृद्धि: मजबूत सामाजिक संबंध हमारे समग्र खुशी और कल्याण में महत्वपूर्ण योगदान करते हैं। वे हमें जुड़ाव और उद्देश्य की भावना प्रदान करते हैं, तनाव और चिंता को कम करते हैं, और कठिन समय के दौरान भावनात्मक समर्थन प्रदान करते हैं।

- **बेहतर मानसिक और शारीरिक स्वास्थ्य:** शोध अध्ययनों ने मजबूत सामाजिक संबंधों और बेहतर मानसिक एवं शारीरिक स्वास्थ्य के बीच संबंध दिखाया है। मजबूत सामाजिक नेटवर्क वाले लोगों में अवसाद, चिंता और अकेलेपन की दर कम होती है, और यहां तक कि वे अधिक लंबी उम्र का भी आनंद लेते हैं।

- लचीलापन और समर्थन में वृद्धि: जीवन चुनौतियां पेश करता है, और एक मजबूत समर्थन प्रणाली होने से सभी फर्क पड़ सकता है। जब हम चुनौतियों का सामना करते हैं, तो हमारे प्रियजन एक सुनने वाला कान, मूल्यवान सलाह और व्यावहारिक सहायता प्रदान कर सकते हैं।

- उद्देश्य की भावना में वृद्धि: एक समुदाय का हिस्सा होने से हम खुद से बड़ी किसी चीज़ में योगदान कर सकते हैं और अपने जीवन में अर्थ ढूंढ सकते हैं। यह स्वयंसेवा के माध्यम से, सामुदायिक गतिविधियों में भाग लेने के माध्यम से, या बस दोस्तों और परिवार के लिए उपस्थित रहने के माध्यम से हो सकता है।

- रचनात्मकता और नवाचार में वृद्धि: दूसरों के साथ विचार साझा करना और सहयोग करना रचनात्मकता और नवाचार को जन्म दे सकता है। विभिन्न व्यक्तियों के साथ जुड़कर और सार्थक बातचीत में शामिल होकर, हम खुद को नए दृष्टिकोणों और संभावनाओं के लिए खोलते हैं।

अपने समुदाय के साथ संबंधों को पोषित करना

- स्थानीय गतिविधियों में शामिल हों: सामुदायिक कार्यक्रमों में भाग लें, स्थानीय संगठनों के लिए स्वयंसेवा करें, क्लबों या खेल टीमों में शामिल हों, या सामुदायिक बैठकों में भाग लें। ये गतिविधियाँ नए लोगों से मिलने,

अपने हितों को साझा करने और अपने समुदाय में योगदान करने के अवसर प्रदान करती हैं।

सार्थक बातचीत में शामिल हों: छोटी-छोटी बातों से आगे बढ़ें और अपने पड़ोसियों, दोस्तों और सहकर्मियों के साथ गहरी बातचीत में शामिल हों। वास्तविक प्रश्न पूछें, सक्रिय रूप से सुनें, और अपने विचार और भावनाएं खुलकर साझा करें।

मदद और समर्थन प्रदान करें: जब उन्हें आपकी ज़रूरत हो तो दूसरों के लिए मौजूद रहें। मदद का हाथ बढ़ाएं, सुनने वाला कान दें, या बस प्रोत्साहन के शब्द दें। वास्तविक देखभाल और समर्थन दिखाने से दूसरों के साथ आपके बंधन मजबूत होते हैं।

विविधता और समावेश को अपनाएं: सक्रिय रूप से विभिन्न पृष्ठभूमि, संस्कृतियों और दृष्टिकोणों के लोगों से जुड़ने के अवसर खोजें। यह आपके विश्व को समझने का विस्तार करता है और सभी के लिए एक जुड़ाव की भावना को बढ़ावा देता है।

Chapter 5: Building a Sustainable Well-being Practice

Chapter 5: एक स्थायी कल्याण अभ्यास का निर्माण

यथार्थवादी लक्ष्य निर्धारित करना और एक व्यक्तिगत स्व-देखभाल योजना बनाना

अपने जीवन को बेहतर बनाने के लिए, यथार्थवादी लक्ष्य निर्धारित करना और एक व्यक्तिगत स्व-देखभाल योजना बनाना महत्वपूर्ण है।

यथार्थवादी लक्ष्य निर्धारित करना

यथार्थवादी लक्ष्य निर्धारित करने से आपको सफलता प्राप्त करने और अपने जीवन में सकारात्मक परिवर्तन करने में मदद मिल सकती है। यहां कुछ सुझाव दिए गए हैं:

1. अपने लक्ष्यों को स्पष्ट और विशिष्ट बनाएं। आप क्या हासिल करना चाहते हैं, यह जानने के लिए समय निकालें। अपने लक्ष्यों को SMART सिद्धांत का पालन करते हुए बनाएं:

- विशिष्ट (Specific): आप जो हासिल करना चाहते हैं, उसे स्पष्ट रूप से परिभाषित करें।
- मापने योग्य (Measurable): आपकी प्रगति को ट्रैक करने के लिए एक विधि निर्धारित करें।
- प्राप्य (Achievable): अपने आप को लक्ष्य निर्धारित करें जो चुनौतीपूर्ण हों लेकिन प्राप्त करने योग्य हों।

- प्रासंगिक (Relevant): सुनिश्चित करें कि आपके लक्ष्य आपके मूल्यों और इच्छाओं के अनुरूप हैं।
- समयबद्ध (Time-bound): अपने लक्ष्यों को पूरा करने के लिए एक समय सीमा निर्धारित करें।

2. छोटे, प्राप्य लक्ष्यों से शुरू करें। बड़े लक्ष्यों को छोटे, अधिक प्रबंधनीय चरणों में तोड़ें। इससे आपको सफलता का अनुभव होगा और प्रेरणा बनाए रखने में मदद मिलेगी।

3. अपने लक्ष्यों को लिखें। अपने लक्ष्यों को लिखने से उन्हें मूर्त रूप देने और ध्यान में रखने में मदद मिलती है। उन्हें ऐसी जगह पर रखें जहां आप उन्हें बार-बार देख सकते हैं।

4. अपने लक्ष्यों के बारे में सकारात्मक रहें। अपने आप को बताएं कि आप अपने लक्ष्यों को प्राप्त कर सकते हैं। सकारात्मक दृष्टिकोण रखना आपको कार्रवाई करने और प्रेरित रहने में मदद कर सकता है।

5. अपने लक्ष्यों को समय-समय पर समीक्षा करें। अपनी प्रगति पर नज़र रखें और आवश्यकतानुसार अपने लक्ष्यों को समायोजित करें।

एक व्यक्तिगत स्व-देखभाल योजना बनाना

स्व-देखभाल आपके शारीरिक, मानसिक और भावनात्मक स्वास्थ्य के लिए आवश्यक है। एक व्यक्तिगत स्व-देखभाल योजना बनाने से आपको अपनी आवश्यकताओं को पूरा करने और अपने जीवन में संतुलन बनाए रखने में मदद मिल सकती है।

यहां कुछ सुझाव दिए गए हैं:

1. अपने आप को जानें। अपनी ताकत, कमजोरियों, जरूरतों और इच्छाओं को पहचानें। यह आपको एक स्व-देखभाल योजना बनाने में मदद करेगा जो आपके लिए कारगर हो।

2. अपने लिए समय निकालें। प्रतिदिन कुछ समय स्व-देखभाल के लिए अलग रखें। यह पढ़ने, ध्यान करने, प्रकृति में समय बिताने, या कोई अन्य गतिविधि करने में व्यतीत किया जा सकता है जो आपको आराम और तनावमुक्त महसूस कराती है।

3. स्वस्थ आदतें बनाएं। पर्याप्त नींद लेने, स्वस्थ भोजन खाने, नियमित रूप से व्यायाम करने और आराम की तकनीकों का अभ्यास करने जैसी स्वस्थ आदतें बनाएं।

4. अपनी भावनाओं को नियंत्रित करना सीखें। तनाव, चिंता और क्रोध जैसी कठिन भावनाओं से निपटने के लिए स्वस्थ तरीके खोजें। गहरी सांस लेने, ध्यान करने या किसी से बात करने से आपको शांत रहने और स्थिति को संभालने में मदद मिल सकती है।

5. अपने आप से दयालु रहें। हर कोई गलतियाँ करता है। अपने आप को क्षमा करें और आगे बढ़ने की कोशिश करें। खुद के प्रति दयालु रहने से आपका आत्म-सम्मान बढ़ेगा और आपकी खुशी में मदद मिलेगी।

अपने दैनिक जीवन में कल्याणकारी अभ्यासों को शामिल करना

आधुनिक जीवन की व्यस्तता के बीच, अपने शारीरिक, मानसिक और भावनात्मक स्वास्थ्य को प्राथमिकता देना मुश्किल हो सकता है। हालाँकि, यह याद रखना महत्वपूर्ण है कि आपका कल्याण आपके जीवन के सभी क्षेत्रों को प्रभावित करता है। अपनी भलाई में सुधार करने और एक स्वस्थ और खुशहाल जीवन जीने के लिए, अपने दैनिक दिनचर्या में कल्याणकारी अभ्यासों को शामिल करना आवश्यक है।

कल्याणकारी अभ्यास क्या हैं?

कल्याणकारी अभ्यास वे आदतें और गतिविधियां हैं जो आपके शारीरिक, मानसिक और भावनात्मक स्वास्थ्य को बढ़ावा देती हैं। इन अभ्यासों में विश्राम तकनीक, ध्यान, व्यायाम, स्वस्थ भोजन, प्रकृति में समय बिताना, अपने शौक का पीछा करना, सकारात्मक संबंध बनाना, और आत्म-देखभाल के अन्य रूप शामिल हो सकते हैं।

अपने दैनिक जीवन में कल्याणकारी अभ्यासों को शामिल करने के लाभ

अपनी दिनचर्या में कल्याणकारी अभ्यासों को शामिल करने से आपके जीवन में कई सकारात्मक प्रभाव पड़ सकते हैं, जिनमें शामिल हैं:

- तनाव और चिंता को कम करता है: नियमित कल्याणकारी अभ्यास आपको अधिक शांतिपूर्ण और तनावमुक्त महसूस करने में मदद कर सकते हैं।

- ऊर्जा के स्तर को बढ़ाता है: स्वस्थ आदतें जैसे कि पर्याप्त नींद लेना, स्वस्थ भोजन करना और नियमित रूप से व्यायाम करने से आपका ऊर्जा स्तर बढ़ सकता है और आप पूरे दिन अधिक सक्रिय रह सकते हैं।

- आत्म-सम्मान और आत्म-जागरूकता को बढ़ाता है: कल्याणकारी अभ्यास आपको अपने विचारों, भावनाओं और जरूरतों को बेहतर ढंग से समझने में मदद कर सकते हैं।

- रचनात्मकता और उत्पादकता को बढ़ाता है: जब आप शांत और तनावमुक्त होते हैं, तो आप अधिक रचनात्मक और उत्पादक होते हैं।

- समग्र स्वास्थ्य और कल्याण को बढ़ावा देता है: कल्याणकारी अभ्यास आपको एक लंबा और स्वस्थ जीवन जीने में मदद कर सकते हैं।

अपने दैनिक दिनचर्या में कल्याणकारी अभ्यास शामिल करने के लिए कदम

1. पहचानिए अपनी ज़रूरतें: इस बारे में सोचें कि आपको किस प्रकार के कल्याणकारी अभ्यासों की आवश्यकता है। क्या आप तनाव कम करने के लिए कुछ ढूंढ रहे हैं? या आप अपनी ऊर्जा बढ़ाना चाहते हैं?

2. छोटा शुरू करें: भारी बदलावों से अभिभूत होना आसान है। एक या दो छोटे कल्याणकारी अभ्यासों से शुरू करें और धीरे-धीरे अपनी दिनचर्या में और जोड़ें।

3. अपने लिए काम करने वाले अभ्यास खोजें: विभिन्न कल्याणकारी अभ्यासों को आजमाएं और देखें कि आपको कौन सा सबसे अच्छा लगता है। कुछ लोकप्रिय विकल्पों में ध्यान, योग, व्यायाम, स्वस्थ भोजन, और प्रकृति में समय बिताना शामिल है।

4. अपनी दिनचर्या में कल्याणकारी अभ्यासों को शामिल करें: अपने कल्याणकारी अभ्यासों को अपने दैनिक जीवन में शामिल करें। उदाहरण के लिए, आप सुबह ध्यान लगाने के लिए कुछ मिनट निकाल सकते हैं, लंच के समय टहलने जा सकते हैं, या शाम को स्वस्थ भोजन पका सकते हैं।

5. प्रतिबद्ध रहें: कल्याणकारी अभ्यासों को अपने जीवन का एक नियमित हिस्सा बनाने के लिए प्रतिबद्ध रहें। याद रखें, स्थायी परिवर्तन करने में समय लगता है।

6. खुद को पुरस्कृत करें: अपने कल्याणकारी लक्ष्यों को प्राप्त करने के लिए खुद को पुरस्कृत करें। यह आपको प्रेरित रहने में मदद करेगा और अपने अभ्यास को जारी रखने के लिए प्रोत्साहित करेगा।

चुनौतियों और असफलताओं पर विजय: सकारात्मक और लचीला बने रहना

जीवन अपरिहार्य रूप से चुनौतियों और असफलताओं से भरा है। चाहे वह काम पर एक कठिन परियोजना हो, व्यक्तिगत जीवन में उथल-पुथल, या अप्रत्याशित घटनाएँ हों, हम सभी को समय-समय पर कठिनाइयों का सामना करना पड़ता है। इन कठिन समयों के दौरान, सकारात्मक और लचीला बने रहना महत्वपूर्ण है।

सकारात्मकता की शक्ति:

सकारात्मक दृष्टिकोण रखने से न केवल चुनौतियों का सामना करने में आसानी होती है, बल्कि यह आपके समग्र स्वास्थ्य और कल्याण को भी बढ़ावा देती है। जब आप सकारात्मक होते हैं, तो आप अधिक लचीला होते हैं और समस्याओं को हल करने में अधिक रचनात्मक होते हैं। आप कठिनाइयों को सीखने और बढ़ने के अवसरों के रूप में भी देख सकते हैं।

लचीलापन का महत्व:

लचीलापन कठिन परिस्थितियों में अनुकूल होने और वापस उछालने की क्षमता है। यह एक सीखी जा सकती कौशल है जिसे समय और प्रयास के साथ विकसित किया जा सकता है। जब आप लचीला होते हैं, तो आप चुनौतियों से निराश नहीं होते हैं, बल्कि आप उन्हें सीखने और सुधार करने के अवसरों के रूप में देखते हैं।

चुनौतियों और असफलताओं से उबरने के लिए टिप्स:

- अपनी चुनौतियों को स्वीकार करें: चुनौतियों से बचना या उनसे इनकार करना समस्या को और खराब कर सकता है। इसके बजाय, उन्हें स्वीकार करें और उनका सामना करने के लिए तैयार रहें।

- समस्या को छोटे टुकड़ों में तोड़ें: एक बड़ी चुनौती आपको अभिभूत कर सकती है। समस्या को छोटे, प्रबंधनीय कार्यों में विभाजित करके, आप इसे अधिक आसानी से हल कर सकते हैं।

- अपनी ताकत और कमजोरियों को पहचानें: अपनी ताकत पर ध्यान दें और उनका उपयोग चुनौतियों का सामना करने के लिए करें। अपनी कमजोरियों को पहचानें और उन पर काम करने का प्रयास करें।

- सकारात्मक लोगों से घिरे रहें: अपने आप को सकारात्मक और सहायक लोगों से घेरें। ये लोग आपको प्रेरित रख सकते हैं और कठिन समय के दौरान आपका समर्थन कर सकते हैं।

- आपने जो कुछ हासिल किया है उसे पहचानें: जब आप एक चुनौती का सामना कर रहे होते हैं, तो अपने आप को याद दिलाएं कि आपने पहले भी कठिनाइयों का सामना किया है और सफल हुए हैं। अपनी पिछली सफलताओं को आपको प्रेरित रहने में मदद करने दें।

- अपने आप को दयालु रहें: अपने आप पर सख्त मत बनो। गलतियाँ करना ठीक है। अपने आप को माफ करें और आगे बढ़ने की कोशिश करें।

- समर्थन पाएं: यदि आवश्यक हो, तो मदद के लिए किसी मित्र, परिवार के सदस्य, चिकित्सक या किसी अन्य पेशेवर से संपर्क करें।

- अपनी देखभाल करें: अपने शारीरिक और मानसिक स्वास्थ्य की देखभाल करना महत्वपूर्ण है। पर्याप्त नींद लें, स्वस्थ भोजन करें, नियमित रूप से व्यायाम करें और आराम की तकनीक का अभ्यास करें।

- आशावादी रहें: भले ही चीजें कठिन हों, आशावादी रहें। याद रखें कि चुनौतियाँ आखिरकार खत्म हो जाएंगी और बेहतर दिन आएंगे।

अपनी प्रगति और उपलब्धियों का जश्न मनाना

जीवन एक यात्रा है, और उस यात्रा में बड़े और छोटे दोनों तरह के कई मील के पत्थर शामिल हैं। हम अक्सर अपने लक्ष्यों को पूरा करने या जीवन में महत्वपूर्ण क्षणों का अनुभव करने पर ध्यान केंद्रित करते हैं, लेकिन अपनी प्रगति और उपलब्धियों का जश्न मनाना भी उतना ही महत्वपूर्ण है।

अपनी प्रगति और उपलब्धियों का जश्न मनाने से कई लाभ होते हैं:

- आत्म-सम्मान बढ़ाता है: जब आप अपने द्वारा किए गए काम को पहचानते हैं और उसकी सराहना करते हैं, तो आपकी आत्म-छवि में सुधार होता है। आप अपनी क्षमताओं में अधिक विश्वास महसूस करेंगे और अपने लक्ष्यों को प्राप्त करने के लिए प्रेरित रहेंगे।

- तनाव कम करता है: जब आप अपनी सफलताओं पर ध्यान केंद्रित करते हैं, तो आप तनाव और चिंता को कम करते हैं। यह आपके शारीरिक और मानसिक स्वास्थ्य दोनों के लिए फायदेमंद है।

- प्रदर्शन में सुधार करता है: जब आप अपनी प्रगति पर नज़र रखते हैं और अपनी उपलब्धियों का जश्न मनाते हैं, तो आप अधिक प्रेरित होते हैं और बेहतर प्रदर्शन करने की संभावना रखते हैं।

- आपकी दृढ़ता को मजबूत करता है: जीवन में कठिनाइयों का सामना करना अनिवार्य है, लेकिन जब आप अपनी प्रगति का जश्न मनाते हैं, तो आप अपने लक्ष्यों को प्राप्त करने के लिए दृढ़ रहते हैं, चाहे कुछ भी हो।

- आपको खुश और संतुष्ट महसूस कराता है: अपनी उपलब्धियों का जश्न मनाने से आपको खुशी और संतुष्टि का अनुभव होता है। यह आपके समग्र जीवन की गुणवत्ता को बेहतर बनाता है।

अपनी प्रगति और उपलब्धियों को मनाने के तरीके:

- अपनी उपलब्धियों को लिखें: एक जर्नल रखें और अपनी सभी उपलब्धियों को, चाहे वे बड़ी हों या छोटी, लिखें। यह आपको समय के साथ अपनी प्रगति को ट्रैक करने और अपनी सफलताओं को याद रखने में मदद करेगा।

- अपने आप को पुरस्कृत करें: जब आप एक लक्ष्य प्राप्त करते हैं या एक कठिन चुनौती का सामना करते हैं, तो अपने आप को पुरस्कृत करें। यह एक छोटा सा इलाज, एक विशेष आउटिंग, या कुछ और हो सकता है जिसे आप पसंद करते हैं।

- प्रियजनों के साथ साझा करें: अपनी प्रगति और उपलब्धियों को अपने दोस्तों और परिवार के साथ साझा करें। वे आपकी सफलताओं का जश्न मनाएँगे और आपका समर्थन करेंगे।

- आभार व्यक्त करें: उन लोगों का शुक्रिया अदा करें जिन्होंने आपकी सफलता में भूमिका निभाई है। यह उदारता और कृतज्ञता का भाव प्रदर्शित करता है।

- आत्म-प्रतिबिंब का अभ्यास करें: अपनी प्रगति और उपलब्धियों के बारे में सोचने के लिए कुछ समय निकालें। उन चीजों को पहचानें जिन पर आपको गर्व है और उन क्षेत्रों पर विचार करें जहां आप सुधार कर सकते हैं।

- अपनी यात्रा का जश्न मनाएं: जीवन एक यात्रा है, न कि एक गंतव्य। अपनी यात्रा के हर पल का आनंद लेना और अपने रास्ते में आने वाली चुनौतियों और सफलताओं का जश्न मनाना महत्वपूर्ण है।

अपनी प्रगति और उपलब्धियों का जश्न मनाना आत्म-देखभाल का एक महत्वपूर्ण हिस्सा है। यह आपको अपनी क्षमताओं पर विश्वास करने, प्रेरित रहने और जीवन में खुशी और संतुष्टि का अनुभव करने में मदद करता है। तो आज ही अपनी उपलब्धियों का जश्न मनाना शुरू करें और देखें कि यह आपके जीवन को कैसे बेहतर बनाता है।

आगे की खोज के लिए संसाधनः पुस्तकें, वेबसाइटें और संगठन

हमेशा सीखने और बढ़ने के लिए नए ज्ञान और संसाधनों की तलाश करना महत्वपूर्ण है। यह आपको अपनी क्षमताओं का विस्तार करने, अपने दृष्टिकोण को व्यापक बनाने और अपने जीवन में सकारात्मक बदलाव लाने में मदद कर सकता है। निम्नलिखित संसाधनों को आप आगे की खोज के लिए उपयोगी पा सकते हैं:

पुस्तकें:

- "मैन'स सर्च फॉर मीनिंग" विक्टर फ्रैंकल द्वारा: यह पुस्तक एक मनोचिकित्सक के एकाग्रता शिविर में अपने अनुभवों का वर्णन करती है और यह दर्शाती है कि अर्थ और उद्देश्य किसी भी परिस्थिति में जीवन को जीवंत बनाए रख सकते हैं।

- "द 7 हैबिट्स ऑफ हाइली इफेक्टिव पीपल" स्टीफन आर. कोवे द्वारा: यह पुस्तक प्रभावशीलता के सिद्धांतों की व्याख्या करती है जो आपको व्यक्तिगत और व्यावसायिक सफलता प्राप्त करने में मदद कर सकती हैं।

- "द पावर ऑफ नाउ" एकहार्ट टोल द्वारा: यह पुस्तक वर्तमान क्षण में जीने के महत्व का पता लगाती है और आपको चिंता और तनाव को कम करने में मदद करने के लिए व्यावहारिक अभ्यास प्रदान करती है।

- "थिंक एंड ग्रो रिच" नेपोलियन हिल द्वारा: यह पुस्तक सफलता के मनोविज्ञान की पड़ताल करती है और आपको अपने लक्ष्यों को प्राप्त करने के लिए अपने विचारों और विश्वासों को बदलने के लिए प्रेरित करती है।

- "द एल्केमिस्ट" पाउलो कोलो द्वारा: यह पुस्तक एक व्यक्ति की अपने सपने को पूरा करने की यात्रा का वर्णन करती है और जीवन के अर्थ और खुशी को खोजने के बारे में सबक प्रदान करती है।

वेबसाइटें:

- TED: प्रेरक वार्ता और विचारों का एक ऑनलाइन मंच।
- Khan Academy: मुफ्त में ऑनलाइन शिक्षा प्राप्त करने के लिए एक संसाधन।
- The School of Life: जीवन और संस्कृति के विभिन्न विषयों पर विचारशील और प्रेरक लेखों का एक संग्रह।
- Greater Good Science Center: विज्ञान और ध्यान के प्रतिच्छेदन पर लेख और संसाधन।
- Headspace: निर्देशित ध्यान और नींद के लिए एक ऐप।

संगठन:

- योगा एलायंस: योग शिक्षकों और स्कूलों के लिए एक अंतरराष्ट्रीय संघ।
- The National Alliance on Mental Illness (NAMI): मानसिक बीमारी से प्रभावित लोगों और उनके परिवारों के लिए एक संसाधन और वकालत संगठन।
- The American Psychological Association (APA): मनोविज्ञान के क्षेत्र में अनुसंधान और शिक्षा को बढ़ावा देने वाला एक संगठन।
- The American Cancer Society: कैंसर के बारे में जानकारी और सहायता प्रदान करने वाला एक संगठन।
- The United Nations: वैश्विक मुद्दों पर सहयोग को बढ़ावा देने वाला एक अंतरराष्ट्रीय संगठन।

यह सूची केवल शुरुआत है। आपके हितों और आवश्यकताओं के आधार पर चुनने के लिए कई और संसाधन उपलब्ध हैं। इनमें से कुछ के साथ शुरुआत करें और देखें कि आपको कहाँ ले जाते हैं।

अपने ज्ञान और समझ को बढ़ाने के लिए आगे की खोज करने के लिए समय निकालना महत्वपूर्ण है। ये संसाधन आपको जीवन भर सीखने और बढ़ने के लिए प्रेरित और सशक्त कर सकते हैं।

www.ingramcontent.com/pod-product-compliance
Lightning Source LLC
LaVergne TN
LVHW020430080526
838202LV00055B/5108